Michael Kotsch

Es muss nicht immer Schokolade sein

Ein Lese-Adventskalender

Inhalt

Schokolade und viel mehr ...

Weihnachten ist ein Fest, Weihnachten ist ein Gefühl, Weihnachten sind Erinnerungen. Weihnachten sind Farben, Geschenke und Gemeinschaft. Weihnachten ist Musik, Tradition, Innovation und Nähe Gottes.

Kaum ein Fest ist und war dermaßen erfolgreich wie Weihnachten. Es wird seit mindestens 1600 Jahren gefeiert, und das weltweit auf allen Kontinenten und in fast allen Ländern der Erde.

Vielleicht wird Weihnachten – oder sollten wir es besser das „Christfest" nennen? – an seinem eigenen Erfolg untergehen. Alles, was jedem zu gehören und schon immer da gewesen zu sein scheint, verliert irgendwann an Bedeutung, verliert an Kraft und Attraktivität, wird alltäglich und langweilig.

Weihnachten ist das Fest aller Feste. Weihnachten ist gelebte Geschichte – eine ganz persönliche, eigene, und die einer ganzen Familie, eines ganzen Landes, einer Weltreligion.

Mancher, der an Weihnachten denkt, bekommt Panikzustände, andere überkommt ein wohliger Schauer von Altbekanntem, von innersten Sehnsüchten und von einem Nach-Hause-Kommen.

Weihnachten ist immer wieder neu und doch altbekannt, besinnlich und auch stressig, abwechslungsreich und doch immer gleich, schrecklich kommerzialisiert und geistlich motivierend. Sicher, bei allem Überschwang sollte man auf dem Boden bleiben. Viele Menschen mögen Weihnachten nicht mehr; es ist ihnen zu kommerziell, zu traditionell zu stressig, mit zu vielen Erwartungen und Hoffnungen überfrachtet. Das ist verständlich.

Doch ganz gleich, wie man nun zu Weihnachten steht, in dieser Zeit gibt es sowohl für den Weihnachtsmuffel als auch für den „alten Weihnachtshasen" viel Neues zu entdecken und zu erleben. Da kann man alte Bräuche neu kennenlernen, in neuen Bräuchen seine weihnachtlichen Gefühle ausdrücken, bisher wenig beachtete kulturelle oder religiöse Aspekte wahrnehmen oder einfach darüber staunen, wie vielfältig Milliarden von Menschen weltweit Weihnachten feiern. Was die Tannenbäume und -zweige wohl bedeuten sollen?

Sollen sie an die Dauerhaftigkeit von Weihnachten erinnern, weil sie wochenlang in allen Zimmern der Wohnung zu finden sind? Oder sollen sie einen frischen Geruch verbreiten, der den Mief abgestandener Traditionen überdeckt?

Das Wort „Weihnachten“ kommt übrigens von der mittelhochdeutschen Bezeichnung „ze den wihen nachten“. „Wihen“ bedeutet „geweiht“, „heilig“. Aus diesem Grund wird bis heute auch von der „Heiligen Nacht“ und von dem „Heiligen Abend“ gesprochen. „Heilig“ bedeutet so viel wie „besonders herausgehoben“. Das heißt: Diese Nacht unterscheidet sich von allen anderen Nächten – nämlich dadurch, dass in ihr die Trennung zwischen Himmel und Erde überwunden wird, indem Gott Mensch wird.

Auf den folgenden Seiten sollen Sie mit hineingenommen werden in eine adventlich-weihnachtliche Welt. 24 kurze Kapitel und zahlreiche Bilder bieten Ihnen an jedem Tag vor Weihnachten die Möglichkeit, kurz zur Ruhe zu kommen, einen weihnachtlichen Gedanken mit in den Tag zu nehmen und sich ganz bewusst auf das bevorstehende Christfest einzustimmen. So bricht Weihnachten nicht plötzlich und unverhofft in den Alltag, sondern kann erwartet, erlebt und bedacht werden.

1. Dezember

Denn ein Kind ist uns geboren,
ein Sohn ist uns geschenkt;
das wird der künftige Herrscher sein.
Gott hat ihm seinen Namen gegeben:
wunderbarer Berater, kraftvoller Gott,
Vater der Ewigkeit, Friedensfürst.

Jesaja 9,5

Woher kommt der Adventskalender?

Nach den Berechnungen der mittelalterlichen Kirche soll an einem 1. Dezember das göttliche Gericht über die sündigen Städte Sodom und Gomorra hereingebrochen sein (vgl. 1. Mose, Kapitel 19). Wer an diesem Tag geboren ist, muss sich dem Volksglauben nach vorsehen; es droht Gefahr. Mit der beginnenden Weihnachtszeit hat das wohl nichts zu tun. Oder sollte man etwa gewarnt werden, Gott nicht außer Acht zu lassen, damit der Untergang vermieden werden kann, anders als damals im alten Sodom?

Tatsächlich haben kreative Menschen schon im 19. Jahrhundert Adventskalender erfunden, um im Getriebe des Alltags Weihnachten nicht ganz zu vergessen. Jeder kennt sie. Schon im November stehen sie bei Aldi, Lidl und Edeka. Auf

einer flachen Pappschachtel in der Größe von zwei DIN-A4-Blättern findet sich ein winterlich-weihnachtliches Motiv, vornehmlich Weihnachtsmänner oder Christbäume. Eingestanzt sind 24 Türen, auf die die Zahlen 1 bis 24 aufgedruckt wurden; die mit der Nummer 24 ist natürlich die größte. Diese Kalender werden zumeist in der Küche oder auch im Kinderzimmer aufgehängt. An jedem Tag vor Weihnachten darf ein Türchen geöffnet und die Schokolade, die sich dahinter verbirgt, genussvoll verspeist werden. Zwar könnte man die Süßigkeit auch so bekommen – von einer Schokoladentafel beispielsweise –, doch würden dabei der Spaß und die Spannung auf der Strecke bleiben.

Adventskalender haben fast etwas Philosophisches. Sie verbergen Altbekanntes. Sie erzeugen Spannung, obwohl längst bekannt ist, was sie verbergen. Sie lassen Weihnachten sehen und

schmecken. Sie repräsentieren eine einfache und doch sehr effektive Form der Zeitmessung.

Die um 1850 erfundenen Adventskalender, wie wir sie heute kennen, sollten insbesondere die Kinder mit einer gewissen Spannung auf das Weihnachtsfest vorbereiten. Sie helfen, die Spannung und Erwartungsfreude in der Vorbereitungszeit auf Weihnachten wachzuhalten. Andere Adventsgliederungen scheint es jedoch schon viel länger zu geben. Schon auf einem Bild des Malers Petrus Christus aus Brügge (15. Jahrhundert) zählte man 24 Tage Advent. Im 19. Jahrhundert wurden die 24 Tage vor Weihnachten auf einem Kalender abgestrichen oder es wurde von einem Blatt für jeden Tag ein Stück abgerissen. Mancherorts wurden Kerzen mit aufgeklebter Tageszählung etappenweise abgebrannt, Weihnachtsuhren und Weihnachtsleitern mit einer Stufe für jeden Tag aufgestellt. Schon der erste 1908 von Gerhard Lang gedruckte Weihnachtskalender hatte 24 aufklappbare Türchen, hinter denen sich jeweils ein kleines Bild verbarg, das an die Ereignisse um die Geburt Jesu Christi erinnern sollte. Auf diesen Bildchen wurden Personen aus dem Alten und dem Neuen Testament sowie der Sündenfall, die Erlösung, der Stammbaum Jesu und Symbole wie Krippe, Weihnachtsstern, Kerze oder Adventsschiff dargestellt.

Der Nationalsozialismus bemühte sich, den christlichen Glauben und damit auch christlich geprägtes Brauchtum zu germanisieren. In den Adventskalendern des Dritten Reiches tauchten daher statt christlicher Bilder vermehrt Märchenfiguren und Darstellungen von germanisch-mythischen Göttern und Dämonen auf. Auswirkungen dieser nationalsozialistischen Germanisierung des Weihnachtsfestes sind bis heute zu spüren. Auch in der DDR wurden christliche Motive in den verbreiteten Adventskalendern weitgehend vermieden. Da waren auch schon mal Hammer und Sichel zu sehen.

Heute sind vermehrt wieder Adventskalender zu finden, hinter deren Türen sich Motive der christlichen Weihnachtsberichte finden. Die

Kalender sind nicht alle nur mit Schokolade gefüllt, manchmal bilden sie ein Häuschen, das von innen durch eine Kerze erleuchtet wird. Hinter jeder geöffneten Tür verbirgt sich ein kleines transparentes Adventsbild, das durch das Licht der Kerze leuchtet. Der Bemühung, die Vorbereitung auf Weihnachten spannend zu gestalten, sind kaum Grenzen gesetzt. Bekannt wurde der Versuch, in einem Dorf jedes Haus als „Türchen" eines Adventskalenders herzurichten. Manche Eltern füllen 24 kleine Beutel und lassen sie an einer Schnur im Wohnraum hängen. Jeden Tag darf eines der Kinder ein Säckchen öffnen. Hinter den Türen anderer Kalender verbergen sich wichtige Bibelverse, die auf die nahe Geburt von Jesus Christus hinweisen.

2. Dezember

Christus hat uns befreit,
damit wir als Befreite leben.
Bleibt also standhaft
und lasst euch nicht wieder
in ein Sklavenjoch spannen!

Galater 5,1

Weihnachten – der Weg zur Freiheit

Sklaverei ist eine unschöne Sache – vorsichtig ausgedrückt. Durch die gesamte Geschichte hindurch und bis tief in die Gegenwart hinein haben Menschen andere versklavt, zu ihrem eigenen Besitz gemacht und den Betroffenen ihren Willen aufgedrückt. Auch in der Bibel wird Sklaverei beschrieben und als Übel stehen gelassen. Dabei bildet gerade der christliche Glaube die Grundlage für die spätere Abschaffung der Sklaverei. Schon Paulus verkündigte völlig entgegen der damals vorherrschenden Ansicht: „Da ist weder Sklave noch Freier, da ist weder Mann noch Frau, denn ihr gehört alle zusammen in Jesus Christus" (Brief an die Galater, Kapitel 3, Vers 28). Zumindest in der Gemeinde sollten Sklaven und Freie, Reiche und Arme weitgehend gleichberechtigt sein. Fast revolutionär muss es da gewesen sein, als bereits in der frühen Kirchengeschichte freigelassene Sklaven höchste Kirchenämter einnehmen konnten – so wie Callistus, der als ehemaliger Sklave Leiter der Gemeinde von Rom (Bischof) wurde.

Viel später, nachdem sich leider auch Menschen an der Sklaverei beteiligt hatten, die sich Christen nannten, sorgten überzeugte Gläubige, wie William Wilberforce (1759–1833) für die Ächtung der Sklaverei. Ganz abgeschafft ist sie leider bis heute nicht. Nicht nur chinesische Wanderarbeiter, auch afrikanische Kindersoldaten leben noch immer wie die antiken Sklaven. Da ist es vollkommen passend, dass die UNO vor einigen Jahren einen Internationalen Tag für die Abschaffung der Sklaverei eingeführt hat, und zwar ist das der 2. Dezember. Es ist nötig, sich daran zu erinnern, dass bis heute noch viele Menschen als Sklaven gehalten werden. Auch diese Menschen verdienen ihre Freiheit.

Anlässlich des Internationalen Tages für die Abschaffung des Sklaverei 2002 erinnerte der ehemalige UNO-Generalsekretär Kofi Annan die Welt an das Leiden zahlreicher Menschen, die in Sklaverei leben. Menschen seien kein Eigentum, betonte er. Es sei wichtig, sich immer wieder an die Unantastbarkeit der Würde aller Männer,

Frauen und Kinder zu erinnern, Menschenhandel und die Schleusung von Migranten zu verhindern sowie Armut zu bekämpfen, die häufig verhindert, dass Menschen die Kontrolle über ihr eigenes Leben bekommen.

Genau genommen hat Weihnachten auch mit der Abschaffung von Sklaverei zu tun – zumindest indirekt. Denn genau das wollte Gott mit der Sendung seines Sohnes erreichen: Er sollte die Menschen aus der Sklaverei befreien. Nach biblischen Aussagen leben wir Menschen nämlich unter der Sklaverei der Sünde, unterdrückt von dem Bösen. Und davon will Gott seine Schöpfung befreien, wenn die Menschen bereit sind zu erkennen, dass sie sündig sind und ihn brauchen. Weihnachten will den Menschen wieder zurück zu seinem Ursprung, zu Gott, bringen und letztlich auch zu sich selbst. Insofern ist Weihnachten auch ein Tag der Abschaffung der Sklaverei.

3. Dezember

*Du, Tochter Zion, freue dich sehr,
und du, Tochter Jerusalem, jauchze!
Siehe, dein König kommt zu dir,
ein Gerechter und ein Helfer, arm und reitet
auf einem Esel …“*

Sacharja 9,9

Advent

„Advent“ nennt man die unmittelbare Vorbereitungszeit auf Weihnachten. Der Advent – die Zeit vom 1. bis zum 24. Dezember – ist eine ganz eigene Jahreszeit. Man isst Dinge, die sonst eher selten auf den Tisch kommen, Straßen und Häuser werden von innen und außen dekoriert, man hört andere Musik usw. Natürlich hängen Advent und Weihnachten miteinander zusammen. Advent ist sozusagen der Vorbote von Weihnachten, die Zeit der Vorbereitung, der Einstimmung auf dieses ganz unglaubliche Ereignis der Menschwerdung Gottes.

Gott wird Mensch? – Das klingt für viele noch seltsamer, als wenn vor dem Berliner Reichstag die Landung von Außerirdischen angekündigt würde. Wer schon kaum noch an Gott glaubt, dem muss es undenkbar schwerfallen, sich vorzustellen, dass dieser Gott Mensch wurde.

Die Schreiber der Bibel waren sich über das Unerhörte einer solchen Aussage durchaus bewusst. Deshalb berichten sie ja auch so ausführlich von allen Zeichen und Zeugenaussagen, die diese unnatürliche Geburt belegen. Schließlich wurde auch damals nicht alle naselang ein Kind von einer Jungfrau geboren, von dem man dann auch noch behauptete, es sei Gott im Körper eines Menschen.

In der Orthodoxen Kirche beginnt der Advent schon 40 Tage vor Weihnachten. In dieser Zeit wird gefastet. Erst nur in begrenztem Maß, dann, ab dem 13. Dezember bis zum Heiligen Abend, etwas strenger. Am 24. darf dann wieder ausgiebig gegessen und getrunken werden. In Westeuropa hingegen beginnt der Advent gewöhnlich erst am 1. Dezember.

Das Wort „Advent" leitet sich von dem lateinischen „adventus" – zu Deutsch „Ankunft" – ab. Dieser Begriff beschreibt die besondere, feierliche Ankunft eines inthronisierten oder hohen Würdenträgers, der mit seinem Gefolge in einer prächtigen Prozession in den Palast einzieht. Christen werden im Advent an das unfassbare Kommen

Gottes auf die Erde erinnert. Gott, der die Welt und das gesamte Universum geschaffen hat, verließ die himmlische Herrlichkeit und wurde als unbedeutender Mensch auf einer unbedeutenden Erde geboren. Vor seinem Tod und nach seiner Auferstehung kündigte Jesus Christus außerdem an, in der Zukunft ein zweites Mal sichtbar für alle Menschen die Erde zu besuchen, diesmal mit der Herrlichkeit eines universellen Königs, der sein Reich auf der Erde aufrichten will. Auch an dieses Versprechen werden die Christen in der Adventszeit erinnert. Sie hoffen auf diesen Zeitpunkt, an dem auch alle Unterdrückung und Ungerechtigkeit ein Ende haben wird.

In der Adventszeit wird Jesus Christus in erster Linie majestätsvoll mit dem Königstitel angesprochen. Immerhin wird den Hirten auf den Feldern Bethlehems und den Weisen aus dem Osten die Geburt eines neuen Königs angekündigt. Auch im Alten Testament wird Jesus schon als König angekündigt: „Du, Tochter Zion, freue dich sehr, und du, Tochter Jerusalem, jauchze! Siehe, dein König kommt zu dir, ein Gerechter und ein Helfer, arm und reitet auf einem Esel …" (Sacharja, Kapitel 9, Vers 9).

In die Adventszeit fallen vier Sonntage, in denen sich die Christen innerlich und äußerlich auf die Ankunft Gottes in der Welt und in ihrem eigenen Leben vorbereiten sollen. In der katholischen Kirche finden an jedem Tag der Adventszeit Gottesdienste statt, die auf Weihnachten vorbereiten sollen.

Advent ist eine Zeit der Hoffnung, der Erwartung und der Sehnsucht. Noch wächst die Dunkelheit. Immer noch werden die Tage kürzer und die Nächte länger. Dunkelheit ist ein Sinnbild für Leid und Angst, für jegliches Elend, das Menschen zu schaffen macht. Wo davor die Augen verschlossen werden, kann es keine Hoffnung geben. Das Leiden in der Welt wird in der Bibel auf die Schuld des Menschen zurückgeführt, auf seine Lösung von der Gemeinschaft mit Gott und seinen Ordnungen. Statt Gott zu vertrauen, versuchen sich die Menschen von ihm zu befreien, um selbst an seine Stelle zu treten, Glück, Erfüllung, Ordnungen und Gesetze zu schaffen. Das macht den Menschen auf die Dauer unzufrieden und unglücklich, er entdeckt immer stärker sein Unvermögen, seine Grenzen und seine Einsamkeit. Selbst die gut gemeinten Bemühungen haben zu oft ungewollte negative Nebenwirkungen. Doch die meisten Vorhaben bleiben auf der Strecke oder führen mit der Zeit zu noch größerem Leiden auf der Welt. Vergewaltigung, ökologische

Katastrophen, Hunger und Verarmung sind Auswirkungen der Eigensucht und Selbstherrlichkeit von Menschen.

Christen wollen sich für eine Welt einsetzen, die sich nach den bewährten Ordnungen Gottes richtet, und setzen ihre letzte Hoffnung auf Gottes Eingreifen in ihrem Alltag und die Aufrichtung seines Reiches in der Zukunft. Im Vertrauen auf diese letzte Umgestaltung der Welt wollen die Kirchen schon jetzt, insbesondere in der Adventszeit, das durch Versagen und Schuld verursachte Leiden der Menschen lindern, indem sie zur Unterstützung ihrer Hilfswerke „Brot für die Welt“, „Misereor“, „Adveniat“ und „Hilfe für Brüder“ aufrufen.

4. Dezember

Überall ermutigten sie die Jünger
und ermahnten sie,
im Glauben
standhaft zu bleiben.
„Wir müssen durch
manche Bedrängnis
hindurch“, sagten sie,
„bevor wir in Gottes Reich einkehren.“

Apostelgeschichte 14,22

Barbara-Tag

Der am 4. Dezember begangene Barbara-Tag erinnert an den Märtyrertod der Christin Barbara während einer Christenverfolgung im Jahr 306 in Nikomedien (Kleinasien, heutige Türkei). Der Überlieferung nach soll Barbara von ihrem eigenen Vater Dioscuros in einen Turm eingesperrt und später dem Gericht überliefert worden sein. Dem reichen Kaufmann missfiel der christliche Glaube seiner Tochter. Zudem weigerte sie sich zu heiraten. Stattdessen wollte sie ihr Leben ganz dem Glauben widmen. Während der Gefangenschaft soll sie auf wunderbare Weise von Gott gestärkt und ernährt worden sein.

Der Vater versuchte, sie mit Folter von ihrem Glauben abzubringen, doch das bestärkte sie nur noch. Als Dioscuros erfuhr, dass Barbara sich heimlich hatte taufen lassen, beschloss er, seine Tochter zu töten. Barbara konnte in einen Felsspalt fliehen, der sich wie durch ein Wunder vor ihr öffnete. Schließlich aber wurde sie doch gefunden und zum römischen Statthalter gebracht. Da der christliche Glaube streng verboten war, wurde die junge Frau zum Tod verurteilt. Von Soldaten wurde sie so grausam misshandelt, dass ihre Haut am Ende in Fetzen vom Körper hing.

Als sie wieder in ihrer Gefängniszelle war, soll ihr Christus erschienen sein und ihre Wunden geheilt haben. Der erbitterte Statthalter ließ sie nun in der Öffentlichkeit mit Keulen schlagen. Vor ihrem Tod betete Barbara, daraufhin soll ihr ein Engel erschienen sein und sie in ein schneeweiß leuchtendes Kleid gehüllt haben. Letztendlich enthauptete der grausame Vater seine Tochter selbst. Er wurde kurz darauf vom Blitz getroffen und verbrannte.

So weit die Legende.

Durch ihr Leben fordert Barbara bis heute Menschen heraus, ihren Glauben nicht einfach unter gesellschaftlichem Druck aufzugeben und auch anderen ihren Glauben nicht mit Gewalt nehmen zu wollen.

In der katholischen Kirche gilt Barbara als Helferin gegen den plötzlichen Tod und Schutzherrin der Bergleute. Ihr Vertrauen auf die Macht Gottes trotz aller menschlichen Niederlagen und Verzweiflung soll durch das Schneiden der Bar-

barazweige nachempfunden werden. Kirschen-, Forsythien- und andere Blütenzweige wurden an diesem Tag geschnitten und im Haus aufgestellt. In der Wohnung beginnen die Zweige dann bald auszutreiben, sodass sie an Weihnachten in Blüte stehen. Die so zur Unzeit – nämlich mitten im Winter – grünenden Zweige erinnern die Glaubenden an die Übernatürlichkeit der Geburt Jesu Christi und seines zweiten Kommens am Ende der Zeiten. Auch die kirchliche Evangelien-Lesung am ersten Advent will darauf aufmerksam machen: „Und Jesus erzählte ihnen ein Gleichnis: Betrachtet den Feigenbaum und auch alle anderen Bäume! Sobald ihre Blätter ausschlagen, erkennt ihr beim Blick darauf von selbst, dass der Sommer schon nahe ist. So sollt auch ihr, wenn ihr die von mir angekündigten Zeichen seht, erkennen, dass das Reich Gottes nahe ist“ (Lukasevangelium, Kapitel 21, Verse 29 ff.).

Dort, wo die ursprüngliche Bedeutung dieses Tages in den Hintergrund getreten ist, wird der Barbara-Tag als „Lostag“ angesehen, an dem Vorhersagen über das Wetter des kommenden Jahres getroffen werden könnten.

5. Dezember

Jesus sagt:
„Ich bin gekommen,
um ihnen Leben zu bringen
und alles reichlich dazu."

Johannes 10,10

Weihnachtsmarkt

Weihnachtsmärkte haben ein besonderes Flair. In den letzten Jahren erlebten Weihnachtsmärkte geradezu einen Boom. Fast jede Stadt eröffnete ihren eigenen. Weihnachtsmärkte wurden immer mehr als dezemberliche Wirtschaftsfaktoren erkannt und ausgebaut. Wer etwas Besonderes sehen will, geht heute nicht mehr einfach auf den heimatlichen Weihnachtsmarkt, sondern bucht eine Kurzreise nach Amsterdam, Edinburgh oder gleich nach New York, zum Feiern und zum Shoppen auf den dortigen Weihnachtsmärkten. Leider beginnen diese Weihnachtsmärkte sich allerdings immer ähnlicher zu werden. Ganz gleich, wo auf der Welt man einen Weihnachtsmarkt besucht, es gibt dort den zu erwartenden Glühweinstand, die gebrannten Mandeln, Kerzen und allerlei Geschenkboutiquen. Möglicherweise gibt es auch ein paar Plätzchen oder eine Bratwurst, die allerdings auch schon auf allen anderen Festen des Jahres angeboten wurde – natürlich nicht dieselbe. Doch davon einmal abgesehen, gibt es auch tatsächlich noch atmosphärisch schöne Weihnachtsmärkte, vielleicht sogar mit Schnee und echter Weihnachtsmusik statt solcher „aus der Konserve", mit freudigen Verkäufern, statt adventlichen Saisonarbeiten.

In vergangenen Jahrhunderten wurden die Weihnachtsgeschenke zumeist auf damals noch volksfestartigen Weihnachts- und Christkindlesmärkten gekauft. Kaufhäuser oder Internetshops gab es ja noch nicht. Auf den Plätzen vor den großen Kirchen bauten Händler ihre weihnachtlich geschmückten Buden auf und boten nach dem Kirchgang ihre Waren an. Neben praktischen Gebrauchtwaren bekam man dort Nippes und Spielzeug für die Kinder. Seit dem 17. Jahrhundert sind regelmäßige Weihnachtsmärkte in Berlin, Dresden, Nürnberg und Frankfurt bekannt. Dort wurden vor allem handgearbeitetes Spielzeug, Weihnachtspyramiden in allen Größen, Christbaumschmuck, Stollen, Zwetschgenmänner, Rauschgoldengel und Lebkuchen sowie allerlei Geschenkartikel angeboten.

Eine Tendenz zur Kommerzialisierung des Weihnachtsfestes findet sich jedoch schon im 14. Jahrhundert. Bereits im Mittelalter hatten sich Händler mit ihren Waren in das Hamburger

Domgebäude gedrängt. Das muss zu mancherlei Störungen des Gottesdienstes geführt haben. So verbot der Rat der Stadt schließlich die Verkäufe im Dom und in der St. Annenkapelle. Lediglich bei Regen- oder Schneewetter sollte es zukünftig erlaubt sein, Stände auch in den Kirchen aufzubauen. Dadurch verschob sich der Handel zumeist auf die Zeit nach den Gottesdiensten.

Nach der Reformation durften die Hamburger Handwerker, Gewürzkrämer und Leinenweber in den neu erbauten Kreuzgängen der Domkirche ihre Verkaufsstände aufbauen. In den acht Tagen vor dem Heiligen Abend wurden dort gute Geschäfte gemacht. Nach und nach breiteten sich die Händler im ganzen Kirchenraum aus, was die Kritik von Kirche und Stadtverwaltung nach sich zog. Neben den Warenständen kamen Garköche und Schankwirte, die hier Würstchen, Branntwein, Met und Punsch anboten. Domherr Friedrich Johann Lorenz Heyer argwöhnte bei so vielen Vergnügungsangeboten in den Vorräumen des Doms denn auch: „Die sparsam erleuchtete Kirche selbst bietet dann der Unsittlichkeit ihre dunklen Schlupfwinkel."

In der Mitte des 19. Jahrhunderts kamen zunehmend auch ausländische Kaufleute nach Hamburg, um auf dem Weihnachtsmarkt ihre Waren anzubieten: Türken und Italiener handelten mit Schmuck und Holländer mit Schmalzkuchen. Auch die Bevölkerung des Umlandes kam vor Weihnachten in die Stadt. Das Gesinde bekam in dieser Zeit seinen Jahreslohn und war gerne bereit, einiges davon für Weihnachtsartikel auszugeben. Dadurch sind auch der relativ schnelle Erfolg der Weihnachtsmärkte und deren rasche Verbreitung zu erklären.

Der Dresdner Striezelmarkt war schon im 19. Jahrhundert weithin bekannt. Der Maler und Schriftsteller Wilhelm von Kügelgen beschreibt seine Eindrücke von einem Besuch im Jahr 1809: „Acht Tage vor dem Feste pflegte sich der Dresdner Altmarkt mit einem ganzen Gewimmel höchst interessanter Buden zu bedecken, die abends erleuchtet waren und große Augenlust gewährten. Das Glitzern der mit Rauschgold, mit bunten Papierschnitzeln und goldenen Früchten dekorierten Weihnachtsbäume, die hell erleuchteten kleinen Krippen mit dem Christkinde, die gespenstischen Knecht Ruprechte, die Schornsteinfeger aus gebackenen Pflaumen, die eigentümlich weihnachtlichen Wachsstockpyramiden in allen Größen ... Hier drängten auch wir uns des Abends gar zu gerne umher, schwelgend in dem ahnungsreichen Duft der Tannen, der Wachsstöcke, Pfefferkuchen und Striezeln, die in einer den Wickelkindern entlehnten Gestalt, reichlich mit

Zucker bestreut, vor allen zahlreichen Bäckerbuden auslagen und Löwenappetit erregten."

Der Nürnberger Christkindlesmarkt ist einer der ältesten und bekanntesten Weihnachtsmärkte. Bei seiner Eröffnung spricht das zu diesem Anlass gewählte „Nürnberger Christkind" vom Chor der Frauenkirche herab. Vor der Kirche singen im Anschluss verschiedene Kinderchöre Weihnachtslieder. Während der Adventszeit ziehen Schulkinder mit selbst gebastelten Laternen durch die Altstadt zum Burgberg, wo sie in lebenden Bildern Szenen aus der Weihnachtsgeschichte darstellen. Zum lokalen Weihnachtssymbol ist der Nürnberger Rauschgoldengel geworden. Überlebensgroß findet er sich an den Straßenkreuzungen, in den Läden und auf dem Christkindlesmarkt. Es soll der Engel sein, der Maria in Nazaret die Geburt von Jesus Christus angekündigt hat.

Nachdem zu Beginn des 20. Jahrhunderts die Kaufhäuser immer mehr Orte der weihnachtlichen Geschenkbeschaffung wurden, veränderte sich der Charakter der Weihnachtsmärkte erneut. Nun wurde noch mehr Wert auf weihnachtliche Atmosphäre und weihnachtliche Beköstigung gelegt. Die Christkindlesmärkte sollten nicht mehr nur praktisch sein, sie sollten Erlebnis-Stätten und öffentliche Treffpunkte werden.

6. Dezember

Wenn wir unsere Sünden bekennen,
zeigt Gott sich treu und gerecht:
Er vergibt uns die Sünden
und reinigt uns von allem Unrecht.

1. Johannes 1,9

Nikolaus

Ein alter bärtiger Herr im pelzbesetzten roten Mantel tritt in der Vorweihnachtszeit in zwei verschiedenen Rollen auf: als Nikolaus und als Weihnachtsmann. Eigentlich handelt es sich dabei um zwei ganz verschiedene Personen, aber irgendwie scheinen sie dann doch zu Doppelgängern geworden zu sein. Der Nikolaus ist beziehungsweise war ein real existierender Mensch und offenbar ein guter Christ. Der Weihnachtsmann hingegen ist eher ein Retortenbaby – eine genetische Verschmelzung vom guten Nikolaus mit Eigenschaften des alteuropäischen Väterchen Frost und anderen Figuren.

Für viele ist der Nikolaus-Tag seit ihrer Kindheit mit Schuhen oder Socken voller Süßigkeiten verbunden, die am Morgen in der Küche oder am Bett zu finden waren. Je nach Eltern kamen diese Schleckereien entweder aus dem Supermarkt oder vom Nikolaus, manchmal sogar durch den Schornstein, wenn die Wohnung einen hatte und der Nikolaus fit genug war, durch die enge Öffnung zu steigen. Besonders spannend waren die persönlichen Besuche des Nikolaus. Wenn er es ernst nahm, fragte er natürlich auch, wie anständig und ordentlich sich die Kinder im vergangenen Jahr betragen hatten. Schon vor Jahrhunderten überprüfte der Nikolaus erst die Bibelfestigkeit der Kinder, ehe es ans Geschenkeverteilen ging.

Nikolaus, Bischof von Myra, lebte im 4. Jahrhundert. Ihm werden zahlreiche Tugenden und Wundertaten zugeschrieben. Einmal soll ein verarmter Vater seine drei Töchter zur Prostitution aufgefordert haben, um davon ihren und seinen Lebensunterhalt zu bestreiten. Nikolaus, der selbst ein beträchtliches Vermögen geerbt hatte, hörte von diesem Vorhaben und warf eines Nachts drei mit Gold gefüllte Beutel in das Zimmer der Töchter, womit er sie vor der Prostitution rettete.

Nach einer anderen Erzählung forderte Nikolaus für seine notleidende Gemeinde einen Anteil Getreide von den Schiffen reicher Kornhändler. Das so erhaltene Getreide bewahrte dann die Gläubigen von Myra für zwei Jahre vor dem

Hunger. Den Kaufleuten fehlte bei ihrer Ankunft in Konstantinopel durch ein Wunder nichts von ihrer ursprünglichen Ladung.

Ein andermal wurden drei Jugendliche auf ihrem Weg zur Schule in Athen nachts von einem geldgierigen Wirt getötet. Die Leichen zerschnitt er und pökelte sie, vermischt mit Schweinefleisch, ein. Nikolaus bekam Wind von dieser Untat und erweckte die Jungen wieder zum Leben. Eine weitere Legende berichtet davon, wie Nikolaus auf wunderbare Weise ein vom Schiff ins Meer gefallenes Kind vor dem Ertrinken gerettet hat. Nikolaus muss den Menschen des Mittelalters als vorbildlicher und frommer Mann erschienen sein.

In vielen Ländern ist es üblich, dass der Nikolaus am Vorabend des 6. Dezembers im Bischofsgewand auftritt und die Kinder examiniert. Seit dem 19. Jahrhundert wird Nikolaus besonders häufig vom Knecht Ruprecht begleitet, der ursprünglich eine Teufelsfigur war. Knecht Ruprecht steht für das Böse und soll der Prüfung des Nikolaus den nötigen Ernst verleihen. Den Kindern soll vor Augen geführt werden, dass der Test sowohl Lohn als auch Strafe nach sich ziehen kann – so wie einmal das letzte Gericht vor dem Thron Gottes. Aus dem Gegenspieler Gottes beziehungsweise seines Dieners Nikolaus wurde mit der Zeit ein zur pädagogischen Drohfigur verkommener Kinderschreck.

Um dem Nikolaus bei seinem Auftreten Rechenschaft über sein Verhalten geben zu können, benutzte man früher „Klausenhölzer" und „Klausenbücher". Die Kerben im Holz bzw. die Eintragungen im Buch sollten für den Nikolaus die guten und schlechten Taten dokumentieren – daher kommt der bis heute gebräuchliche Ausdruck „etwas auf dem Kerbholz haben". Die Zahl der Kerben entschied über die Menge der Geschenke, die den Kindern in Schuhe, Strümpfe oder – in Erinnerung an die Kornschifflegende – in Papierschiffchen gelegt wurden. Das zur Belohnung vom Nikolaus verteilte Gebäck erhielt wahrscheinlich nach diesem pädagogischen Jahresrückblick seinen Namen „Spekulatius" (von speculator = Prüfer).

Eigentlich ist das doch gar keine schlechte Sache, einmal im Jahr – oder auch häufiger – zurückzublicken und Resümee zu ziehen, sich selbst und anderen einzugestehen, wo man versagt und sich geirrt hat. Dafür muss man nicht bis Silvester warten, um dann erst neue gute Vorsätze zu fassen. Außerdem haben Erwachsene den unbestreitbaren Vorteil, dass sie ihre Fehler erkennen, bereuen und wiedergutmachen können – manchmal zumindest –, ohne vom Knecht Ruprecht Schläge zu kassieren oder auf weihnachtliche Süßigkeiten verzichten zu müssen.

7. Dezember

Freut euch und jubelt!
Denn im Himmel wartet
ein großer Lohn auf euch.

Matthäus 5,12

Weihnachtsleckereien

Spekulatius ist wahrscheinlich nicht nur das billigste Weihnachtsgebäck, es schmeckt tatsächlich auch weihnachtlich. Und wer Spekulatius nicht das ganze Jahr über isst, obwohl die Kekse schon ab September im Supermarkt zu finden sind, kann sich auch noch richtig daran freuen. Bei regelmäßigem Genuss wird die 500-g-Packung schnell leer, doch die Kalorien bleiben als ganzjährige Erinnerung.

Spekulatius war früher vor allem in Holland und am Niederrhein verbreitet. Der Name kommt wahrscheinlich von *speculator* (lat. = Aufseher). „Spekulator“ war aber auch ein bekannter Beiname des Nikolaus. Tatsächlich beschrieben die gebackenen Bilder früher sein Leben und stellten ihn selbst als prächtigen Bischof dar. Ursprünglich nur zum Nikolausfest hergestellt, werden die Kekse heute in der ganzen Adventszeit und darüber hinaus verkauft und verzehrt.

Der Teig wurde im Allgemeinen auf Spekulatiusbretter gestrichen. In diese waren Abbildungen geschnitzt, die an Taten des Nikolaus von Myra erinnerten.

Nicht nur Spekulatius, auch Marzipan in Brotform, als Füllung oder im Christstollen, gehören seit Jahrhunderten zu den typisch weihnachtlichen Leckereien.

Der Legende nach soll ein Lübecker Kaufmann im Jahr 1407 das Marzipan erfunden haben. Während der damaligen Hungersnot entdeckte er auf seinem Speicher noch einen Sack Mandeln und einen Sack Zucker, woraus er einen Teig hergestellt und Brote geformt haben soll, die er dann seinen Freunden schenkte. Die Beschenkten wurden nicht nur satt, es schmeckte ihnen so gut, dass sie das Rezept aufbewahrten und einen neuen Lübecker Exportschlager entdeckten.

Andere führen den Ursprung des Marzipans auf einen Bürger Venedigs zurück. Dieser soll während einer Hungersnot den Schutzpatron der Stadt, den heiligen Markus, um Brot gebeten haben. Seine Bitte wurde erfüllt und schon bald erhielt er einen Sack Mehl. Vorsichtig formte er die ersten kleinen Brote und nannte sie „marci pane", Brot des Markus. Später wurden die Brote zum Gedenken an die Rettung durch den heiligen

Markus aus Mandeln und Zucker zubereitet, den Namen behielten sie aber. Bäckergesellen, die auch Marzipan herstellten, wurden deshalb im Mittelalter auch „Markusbrüder“ genannt.

Bis ins 19. Jahrhundert war die Marzipanherstellung noch mit einem gewissen logistischen und technischen Aufwand verbunden. Sofort nach der Mandelernte in Sizilien und Apulien wurden die Mandeln nach Deutschland verschickt und per Hand geknackt. Dann wurden die Mandelkerne in einem Granitmörser mit einer Holzkeule zerstampft und schrittweise mit zuvor gemahlenem Puderzucker verrührt. Die so erhaltene Masse wurde in kupfernen Pfannen geröstet, abgekühlt und geformt. Um ausreichende Verkaufsmengen zu erzielen, wurde in den betreffenden Konditoreien wochenlang Tag und Nacht gearbeitet.

Theologisch wurde Marzipan häufig als Vorgeschmack des Himmels interpretiert. Weil es sozusagen eine „himmlische Köstlichkeit“ war, verwies es auf den Himmel und das Paradies. Marzipan sollte den Genießenden daran erinnern, was ihn nach dem „Jammertal Erde“ im Himmel erwartete. Der Gedanke an die himmlischen Freuden sollte ihm helfen, das Leiden an Zeitlichkeit und Begrenztheit besser zu überwinden.

8. Dezember

Ich bin das Licht der Welt!
Wer mir folgt,
wird nicht mehr in der Finsternis umherirren,
sondern wird das Licht haben,
das zum Leben führt.

Johannes 8,12

Der Adventskranz

Eigentlich ist der Adventskranz ein Adventskalender ohne Türen und Schokolade. So zumindest war er gedacht. Früher hatte er allerdings noch 24 Kerzen und war entsprechend größer als die Kränze, die wir heute haben. Wenn man sich vor Augen führt, wie selbstverständlich dieses Tannengeflecht zur Adventszeit gehört, könnte man den Eindruck haben, es müsse sich dabei um einen besonders alten und traditionellen Brauch handeln. Doch weit gefehlt. Adventskränze werden erst seit etwas mehr als 150 Jahren angezündet – natürlich nur die Kerzen. Doch nach seiner Erfindung entwickelte sich dieser Weihnachtsschmuck zu einer außerordentlichen Erfolgsgeschichte.

Der Adventskranz wurde im Rauhen Haus, einer von Johann Hinrich Wichern (1808–1881) in Hamburg gegründeten Erziehungsanstalt, erfunden. Wichern bemühte sich, die häufig religiös gleichgültigen Jugendlichen mit dem Inhalt des christlichen Glaubens vertraut zu machen. Zu diesem Zweck ließ er im Esszimmer des Hauses einen Holzreifen mit 20 kleinen und 4 großen Kerzen aufhängen. Jeden Tag zündete er eine kleine, an den Sonntagen eine große Kerze an. Das steigerte die Spannung der Kinder und brachte sie dazu, sich bewusst vorzubereiten. Außerdem konnte Wichern seinen Schützlingen auf diese Weise den Ablauf der Zeit bis zum ersten und dann auch zum zweiten Kommen Jesu plastisch vor Augen stellen.

Kränze sind in der christlichen Symbolik schon sehr alt. Durch alle Jahrhunderte hindurch wurde Jesus mit einem Siegeskranz dargestellt, der ihn als den Herrscher über die ganze Schöpfung auszeichnete. Der Adventskranz war für Wichern das Symbol für die Krone Christi. Nach seinen Worten stellt der Adventskranz eine Lichtkrone dar. Später wurden die Adventskränze auch mit den Zweigen immergrüner Bäume umwickelt. Die Tannenzweige erinnern an den Christbaum. Ihr Grün soll die Hoffnung ausdrücken, die der Christ mit dem Kommen Gottes verbindet. Die immergrünen Tannenzweige stellen auch eine Verbindung zum Lebensbaum des Paradieses und des zukünftigen Reiches Gottes her, wie sie auch für den Tannenbaum besteht. Die Kerzen sollten direkt an Jesus Christus erinnern. Dessen Geburt wird im Johannesevangelium als das Kommen des Lichts in die Finsternis der Welt beschrieben. So wie durch Jesus Christus das Licht Gottes in die gottferne, dunkle Welt kam, so werden nun immer mehr Kerzen in einer an sich dunklen Jahreszeit angezündet.

Adventskränze wurden im 19. Jahrhundert vor allem in evangelischen Kirchen, Gemeindehäusern, Kinderheimen und Schulen aufgehängt. Nach dem Ersten Weltkrieg wurde dieser Brauch in ganz Deutschland auch in Privathäusern übernommen. Insbesondere aus Platzgründen verzichtete man bei den privaten Adventskränzen jedoch auf die große Kerzenzahl und beschränkte sich auf vier Lichter für die vier Adventssonntage.

Heute finden sich Adventskränze in unterschiedlichsten Größen, Formen und Farben auf der ganzen Welt.

9. Dezember

Und diese gute Botschaft
vom Reich Gottes
wird in der ganzen Welt
gepredigt werden,
damit alle Völker sie hören.

Matthäus 24,11

Weihnachten rund um die Welt

Weihnachten kennt unzählige Variationen: Weihnachten unter Palmen, in Kirchen, in Kaufhäusern, auf Berggipfeln, auf Märkten und in Wohnzimmern.

Kein Fest der Welt ist so international, so bunt und vielgestaltig wie Weihnachten. Ohne es zu wissen oder zu wollen, feiern heute auch Animisten, Materialisten, Buddhisten oder Hindus die Geburt von Jesus Christus, die Menschwerdung Gottes. Das ist natürlich auch gar kein Problem. Man muss nicht Christ sein, um sich an dieses außerordentlich wichtige historische Ereignis zu erinnern. Spannend und manchmal auch lustig ist es allerdings schon zu beobachten, was in den verschiedenen Ländern aus Weihnachten geworden ist. So ist es amüsant zu hören, wie im südamerikanischen Sommer von Schnee und Kälte gesungen wird und in Ermanglung echten Schnees gelegentlich künstlicher ausgestreut wird. Es wird aber nicht nur das uns Altbekannte übernommen, hier und da kommt es zu ganz neuen, originellen Weihnachtskreationen – zuweilen etwas kitschig, gelegentlich aber auch durchaus bereichernd und zum Nachdenken anregend.

Kolumbien liegt in den Tropen. Auch im Advent ist es dort angenehm warm. Fast jede Nacht regnet es und die Landschaft ist wunderschön grün. Auf Schnee wartet man hier natürlich vergeblich. Stattdessen gibt es in der Adventszeit frische Mangos, Bananen, Orangen, Kiwis oder Grapefruits. Echte Tannenbäume sind in Kolumbien rar, aber in jedem

Haushalt steht einer aus Plastik, schon ab dem ersten Advent. Jeden Abend wird in der Adventszeit gemeinsam gesungen und gebetet. In der Nacht vom 7. auf den 8. Dezember wird die Ankunft Marias gefeiert. Dazu werden entlang der Wohnstraßen Teelichter aufgereiht und entzündet, damit Maria ihren Weg finden kann.

Während des ganzen Monats Dezember feiern die Menschen hier. Es gibt Ausritte in den Städten, es wird viel getanzt – vor allem Salsa – und in den Arenen gibt es Stierkämpfe. Überall entlang der Straßen sind Krippen aufgebaut.

Nicht nur an den Bäumen blinken in Mexiko in der Weihnachtszeit Tag und Nacht die Lichterketten, auch in den Straßen entstehen regelrechte Lichterkunstwerke. Rund um die zentralen Plätze der Städte werden Weihnachtsstände aufgebaut und man kann sich mit verkleideten Weihnachtsmännern und Rentieren fotografieren lassen.

Am 16. Dezember feiern die Mexikaner ihre Nationalheilige, die „Jungfrau von Guadeloupe". Vier Tage später wird vielerorts die Herbergssuche von Maria und Josef nachgespielt („Posada"). Öffentliche Posadas enden gewöhnlich in einer „Pastorela" (religiöse Theateraufführung) auf einem Platz. Inhalt einer typischen Pastorela ist die Konfrontation von Gut und Böse, dargestellt durch den Erzengel Gabriel und die sieben Teufel, die wiederum die sieben Todsünden (Hochmut, Neid, Zorn, Trägheit, Habgier, Völlerei und Wollust) repräsentieren. Die Teufel versuchen durch alle möglichen Fallen und Tricks, die Hirten zu ihrem jeweiligen Laster zu verführen und sie vom rechten Weg (dem Weg nach Bethlehem) abzubringen.

Doch bevor das Volk vollends von den Bösewichtern überrumpelt wird, erscheint Gabriel mit einem goldenen Schwert und ruft zum Wettkampf gegen die Teufel auf. Die Menschen versammeln sich, und mit Unterstützung des Engels schaffen sie es in einem Kräftemessen, die sieben Teufel zu besiegen. Am Schluss kommen die Hirten in Bethlehem an, übergeben ihre Geschenke und freuen sich über die Geburt Jesu.

Viele US-Amerikaner lieben es, ihre Häuser in der Weihnachtszeit farbenfroh und lichterglänzend zu dekorieren. Die Familien geben sich viel Mühe und gestalten ihre Häuser und Gärten mit Kerzen, Lampen, Leuchten oder Figuren. Besonders häufig sind Weihnachtsmänner und Rentiere zu finden, deren Formen mit kleinen Lampen nachgeahmt werden. Vor wenigen Jahren sind aufblasbare Weihnachtsfiguren (Engel, Weihnachtsmänner, Rentiere usw.) ganz groß in Mode gekommen. Diese meist mehrere Meter großen Gestalten finden sich vor zahlreichen Einfamilienhäusern und sind zwar etwas kitschig, sonst aber recht nett anzuschauen.

10. Dezember

Denn so hat Gott der Welt seine Liebe gezeigt: Er gab seinen einzigen Sohn dafür, dass jeder, der an ihn glaubt, nicht zugrunde geht, sondern ewiges Leben hat.

Johannes 3,16

Weihnachten ist rot

Weihnachten ist rot. Ursprünglich, in den neutestamentlichen Berichten der Geburt Jesu, spielt die Farbe Rot keine besondere Rolle, zumal es damals eher eine Farbe der Reichen und Mächtigen war. Im Umfeld Jesu und seiner Familie gab es aus dieser Gruppe jedoch nur wenige Vertreter.

Damals wie heute verbinden die Menschen mit bestimmten Farben aber auch bestimmte Situationen, Verhaltensweisen oder Reaktionen. Manche Farben beruhigen, andere regen auf oder machen nervös, manche wirken feierlich, andere alltäglich. Natürlich hängt die Zuordnung auch von Zeit, Kultur und Region ab. Doch das, woran man sich in Europa zu Weihnachten erinnern wollte, ließ sich am ehesten mit der Farbe Rot ausdrücken. Deshalb sind die meisten Weihnachtskerzen rot, ebenso wie die Schleifen an Tannenzweigen und viele Kugeln am Christbaum. Purpur war in der Antike die Farbe des Reichtums und der Herrschaft. In Rom war rote Kleidung den Generälen und dem Adel vorbehalten, später war es die Farbe des Kaisers. Die byzantinischen Herrscher waren komplett in Rot gekleidet. Jesus, der zu Weihnachten geboren wurde, soll durch die rote Farbe als König vorgestellt werden.

Bis heute tragen die Kardinäle als „Fürsten der Kirche“ Rot. Neben ihrer Leitungsrolle sollen sie dadurch auch ihre Bereitschaft ausdrücken, notfalls für den Glauben zu sterben. Rot symbolisierte außerdem den Tod Jesu und darüber hinaus auch das Opfer der christlichen Märtyrer. Schon bei den Kirchenvätern wird Rot schließlich auch mit der Menschwerdung Jesu zu Weihnachten verbunden. Rot gilt auch als Farbe des Feuers und des Heiligen Geistes.

Deshalb sollen rote Kerzen zu Weihnachten die Wirkung des Heiligen Geistes bei der Zeugung und der Geburt Jesu vermitteln.

In vielen Völkern wird Rot, die Farbe des Blutes, als Symbol des Lebens geschätzt. Der Prophet Jesaja bringt die Sünde mit der roten Farbe des Blutes in Verbindung. „Das Rot der Sünde kann nur durch das Rot der Sühne neutralisiert werden“ (vgl. Jesaja, Kapitel 1, Vers 18). Die Opfer des Alten Testaments aber waren im Rückblick gesehen nur ein Bild für das freiwillige, aber auch blutige Opfer Jesu Christi.

Rot wird in der Bibel auch als Farbe des Morgens genannt und signalisiert den neuen Tag, eine neue Heilszeit bzw. das Ende der gegenwärtigen Epoche. In dieser Hinsicht steht Rot in der Adventszeit für den Anbruch einer neuen Beziehung zwischen Gott und den Menschen; die Schuld, die beide voneinander getrennt hat, wird durch das Handeln Gottes beseitigt, das zu Weihnachten seinen Anfang findet.

Rot wird darüber hinaus als Symbol für die allumfassende Liebe Jesu benutzt. So wird auch der Jünger Johannes, „den Jesus lieb hatte", auf Gemälden oft mit roter Kleidung abgebildet.

Zu Weihnachten erinnert die rote Farbe an die große Liebe Gottes zu den Menschen. Diese Liebe bewog ihn, seinen Sohn Jesus Christus der irdischen Schlechtigkeit und Endlichkeit auszusetzen, damit Menschen die Chance erhalten, ihre Ewigkeit in der himmlischen Herrlichkeit zu verbringen.

11. Dezember

Es war der Strom mit dem Wasser des Lebens, der in der Mitte der Hauptstraße durch die Stadt floss. An seinen beiden Ufern wuchs der Baum des Lebens, der zwölfmal im Jahr Früchte trägt, jeden Monat einmal, und dessen Blätter zur Gesundheit der Völker dienen.

Offenbarung 22,1–2

O Tannenbaum ...

Ganz gleich, ob nun „Christbaum“ oder „Weihnachtsbaum“ genannt, der festlich geschmückte Tannenbaum hat sich mittlerweile von Deutschland aus in der ganzen Welt etabliert. Von Sibirien bis Südafrika und von Australien bis Kanada glitzern bunt geschmückte Bäume zur Weihnachtszeit – in klirrender Kälte und fast unerträglicher Hitze.

Hängen an deutschen Christbäumen Holzengel und Glaskugeln, die wahrscheinlich größtenteils in China hergestellt wurden, so wird wohlhabenden Chinesen handgefertigter Weihnachtsschmuck aus Italien, Spanien oder dem Erzgebirge angeboten. Wer in einer Shanghaier Boutique einen fertig geschmückten Weihnachtsbaum erstehen will, muss schon recht tief ins Portemonnaie greifen: Ein mittelgroßer Baum kostet um die 10.000 Yuan, das sind immerhin fast 1.500 Euro. Doch der Christbaum im Yuppie-Wohnzimmer ist nach

20 Jahren Öffnungspolitik in Shanghai keine Seltenheit mehr. Weihnachten hat hier nur wenig mit Religion zu tun, sondern vielmehr mit westlichem Lebensstil. Eine Ausnahme machen natürlich die rund 60 Millionen christlichen Chinesen. Für viele Chinesen ist Weihnachten lediglich ein willkommener Anlass eine Feier zu organisieren, gut essen zu gehen, sich bei alten Bekannten oder Familienangehörigen zu melden oder nahen Freunden Geschenke zu machen.

Unbestätigten Umfragen zufolge stellen derzeit ca. 70 % der amerikanischen Haushalte einen synthetischen Plastikweihnachtsbaum auf, wobei 80 % dieser Weihnachtsbäume in China hergestellt und dann in die USA verschifft werden. Auch die meisten mexikanischen Familien können sich keinen teuren, importierten echten Tannenbaum leisten, und so stellt man einen künstlichen Baum auf. Den gibt es nicht nur in Tannengrün, sondern auch in Gold, Silber, Silber-Rosa oder Silber-Hellblau. Echte Tannen kommen aus den USA oder Kanada und sind um vieles teurer als in Deutschland. Auf Hawaii gibt es eigentlich keine Weihnachtsbäume. Alle echten Weihnachtstannen werden in großen Kühlcontainern extra die fast 4000 Kilometer vom Festland nach Hawaii herübergeflogen.

Die erste Erwähnung eines weihnachtlichen Tannenbaums stammt aus dem Jahr 1419. Ein Bäckergeselle aus Freiburg schmückte damals seine Tanne als biblischen „Paradiesbaum“ mit Äpfeln, Birnen, Nüssen, Gebäck und Flittergold. Auch Lebkuchen, Zuckerwerk, Papier- und Rauschgoldschmuck finden sich an den Weihnachtsbäumen jener Zeit. Nach den Festtagen wurden die Bäume gewöhnlich den Kindern oder Armen zum Plündern überlassen. So sollten die von Gott erhaltenen Geschenke des Heils und der materiellen Güter ganz praktisch mit den Bedürftigen geteilt werden. Mitte des 17. Jahrhunderts gehörte der Tannenbaum vielerorts – insbesondere in den Städten – zum üblichen Weihnachtsschmuck. An den Höfen und in den Häusern der Oberschicht wurde er zum Mittelpunkt der familiären Weihnachtsfeier.

Im Laufe der Zeit wurde der Christbaum weniger „nahrhaft“ behangen; das Gebäck wurde ersetzt durch Watte, versilberte Nüsse, bunte Glaskugeln und Lametta. Unter den Christen des 18. Jahrhunderts war der Weihnachtsbaum noch ein bekanntes Symbol für das Paradies. Zum einen wusste man natürlich, dass der 24. Dezember in der Kirche auch als Gedenktag für Adam und Eva galt, zum anderen wurden die Baumständer noch vielfach von einem mit Schafen und anderen Holztieren bevölkerten Paradiesgärtlein umgeben. Der Christbaum soll auf den „Baum des Lebens“ aus dem biblischen Paradies hinweisen, auf den Baum, der ewiges Leben verheißt. Im übertragenen Sinn wurde das Kreuz als „Baum des Lebens“ betrachtet, an dem Jesus stirbt und damit den Menschen die Vergebung ihrer Schuld und ewiges Leben bei Gott ermöglicht. In volkstümlichen Weihnachtsliedern wird der Tannenbaum als Sinnbild des unvergänglichen Lebens gepriesen, weil er auch im Winter grünt, wenn die meisten anderen Pflanzen tot und starr zu sein scheinen: „O Tannenbaum, o Tannenbaum wie grün sind deine Blätter …“

Im 18. und 19. Jahrhundert tauchen die Weihnachtsbäume immer wieder in den Dichtungen der Schriftsteller auf. Zeitweilig war es üblich, für jedes Familienmitglied einen eigenen Baum aufzustellen, dessen Größe sich zumeist nach der der entsprechenden Personen richtete. Die Geschenke der einzelnen Familienmitglieder lagen jeweils unter ihrem Baum. So konnte jeder auch ohne Namensnennung sofort erkennen, welche Geschenke für ihn bestimmt waren.

Seit 1919 werden Tannenbäume in der Advents- und Weihnachtszeit auch öffentlich auf

Marktplätzen, vor Kirchen und Rathäusern und von Kaufhäusern aufgestellt.

Deutsche Auswanderer haben den Weihnachtsbaum auf der ganzen Welt bekannt gemacht. In Ländern, in denen keine Fichten heimisch sind, werden andere immergrüne Bäume als Christbäume geschmückt. So wird schon um 1879 aus Java von einer Weihnachtspinie, aus Rio de Janeiro von einer Araukarie und aus Texas von einer kleinen Weihnachtszeder berichtet.

Eigentlich ist der Christbaum auch ein Symbol der christlichen Tugenden „Hoffnung“ und „Beständigkeit“. Die Erinnerung an die Beständigkeit und das ewige Leben wurde in manchen Gegenden noch durch den Brauch des Baumaussingens verstärkt. Am 6. Januar wurden die Christbaumkerzen ein letztes Mal entzündet. Während die Kerzen brannten, wurden Weihnachtslieder gesungen. Alle Kerzen außer einer ließ man abbrennen. Die letzte Kerze wurde ausgelöscht und bis zum nächsten Jahr aufgehoben. Mit ihr wurden am folgenden Weihnachtsfest alle Lichter des neuen Christbaums entzündet. Dadurch sollte das „Licht Gottes“ symbolisch von Jahr zu Jahr weitergetragen und an die alle Zeiten überdauernde Bedeutung des Lebens Jesu als Licht der Welt erinnert werden.

12. Dezember

Lasst uns deshalb fest zur Wahrheit
und zur Liebe stehen
und in jeder Hinsicht zu Christus,
unserem Haupt, hinwachsen.

Epheser 4,15

Der Weihnachtsmann

Der Job des Weihnachtsmanns ist offensichtlich sehr vielfältig. Man findet Weihnachtsmänner tagelang an Fenstersimse und Dachrinnen geklammert, als Surfer auf Hawaii, als kleine Dickerchen auf Plakaten und Prospekten, als Kerzen, Trinkflaschen und als süße Weihnachts-Schokohasen.

Irgendwie wirkt das seltsam: Ein Weihnachtsmann in roter Robe und mit weißem Rauschebart sitzt in einem polynesischen Kanu, hat die Hosenbeine hochgerollt und lässt die Beine in die blauen Fluten des Pazifik baumeln. Im Boot eine Hand voll braungebrannter Hula-Schönheiten, die lachend der johlenden Menge am Strand von Waikiki (Hawaii) zuwinken und lauthals „Mele Kalikimaka“ (fröhliche Weihnachten) rufen.

Finnischen Kindern wird erzählt, der Weihnachtsmann wohne in seiner bei den

Korva-Bergen Lapplands gelegenen Werkstatt und seine Gehilfen seien kleine grau gekleidete und rotbemützte Heinzelmännchen.

In Island gibt es 13 verschiedene Weihnachtsmänner. Sie tragen so illustre Namen wie Topflecker, Quarkfresser, Wursthaken, Fenstergucker, Türenriecher und Kerzenbettler. Sie sollen das Jahr über in den Bergen hausen. 13 Tage vor Weihnachten macht sich der erste der isländischen Weihnachtsmänner auf den Weg zu den Menschen. Tag für Tag folgt ein weiterer, so zumindest sagen es die Legenden. In den 13 Tagen nach Weihnachten macht sich einer nach dem anderen wieder auf den Weg zurück in die Berge. In erster Linie soll die Parade der Weihnachtsmänner heutzutage auf die Geburt Jesu Christi einstimmen und dieses Ereignis auch noch nach dem 25. Dezember in Erinnerung halten.

„Morgen kommt der Weihnachtsmann" heißt es in dem bekannten Lied von Hoffmann von Fallersleben aus dem Jahr 1835. Dieses Kunstwesen feierte dazumal seine Geburt. Der Weihnachtsmann ist eine neuzeitliche Kreuzung aus Nikolaus und „Väterchen Frost", der

wiederum eine Personifizierung des Winters ist. Das kam folgendermaßen:

Poppig mit Pelzmütze, Wanderstab und Gabensack ausgestattet, tritt der Weihnachtsmann heute auch am Heiligen Abend als Gabenbringer auf. Selbst in evangelischen Gegenden, in denen traditionell das Christkind am Weihnachtsfest die Gaben verteilt und die Kinder examiniert (statt des Nikolauses am 6. Dezember), ist der rot gewandete Alte zur festen Tradition geworden.

Der von der Aufklärung ins Asyl geschickte Nikolaus kam im 19. Jahrhundert in neuer Gestalt als Weihnachtsmann durch die Hintertür wieder herein. Der Ursprung des Weihnachtsmannes ist in der Bilderfolge Moritz von Schwinds zu suchen, der 1847 einen „Herrn Winter" für die Münchner Bilderbogen zeichnete, der in ganz Deutschland und halb Europa populär wurde. Dieser „Herr Winter" mit Kutte, weißem Bart und Stiefeln wurde ganz allgemein als Weihnachtsmann bezeichnet. Er entsprach dem „Väterchen Frost" der Russen, dem „Santa Claus" der Amerikaner, „Father Christmas" der Engländer und „Père Noël" der Franzosen und trat von dieser Zeit an als Gabenbringer in Erscheinung. Mit den Jahren verlor der Nikolaus Schritt für Schritt seine Bischofskleidung (Mitra, Stab, Brustkreuz, Chormantel,

Stola usw.). Stattdessen transformierte er äußerlich zum Großvater Winter mit Pudelmütze und pelzbesetztem Mantel. An die Stelle des asketisch schlanken Bischofs tritt am Ende des 19. Jahrhundert schließlich ein weißbärtiger, pausbäckiger, dickbäuchiger Opa. Diese Veränderung ist wahrscheinlich ein Ergebnis der damals propagierten Säkularisierung des Weihnachtsfestes. Die Zeichnungen des deutschstämmigen Thomas Nast von einem weißbärtigen, rotgewandeten, dicken Weihnachtsmann prägten nach ihrer Veröffentlichung in Harper's Weekly 1881 das amerikanische Bild des Gabenspenders. Den weißen Pelzbesatz zur roten Kleidung schließlich erhielt der Weihnachtsmann 1932 durch eine außergewöhnlich erfolgreiche Werbekampagne von Coca Cola. Der Weihnachtsmann in den Hausfarben von Coca Cola (Rot/Weiß) wünschte in einer USA-weiten Plakataktion neben dem Gabenstrumpf eine erfrischende Pause. Seit dieser Zeit scheint das Bild des Weihnachtsmannes weitgehend standardisiert zu sein. Die spitz nach vorn geneigte rote Mütze („phrygische Mütze") ist das letzte verbliebene Erkennungszeichen des kleinasiatischen Bischofs Nikolaus.

Neben seiner Tätigkeit als Geschenkbote erscheint der Weihnachtsmann heute vor allem als

Animateur weihnachtlicher Kauforgien in Warenhäusern und Supermärkten. Darüber hinaus gilt er als Typus der Gutmütigkeit und Dummheit. „Sie Weihnachtsmann" gilt nicht als Belobigung, und wer als „richtiger Weihnachtsmann" bezeichnet wird, ist wohl ein wunderlich-einfältiger Mensch. Wer „noch an den Weihnachtsmann glaubt", gilt gemeinhin als dumm, einfältig und unaufgeklärt.

Immerhin: Über mangelnde Aufmerksamkeit kann sich der Weihnachtsmann nicht beklagen. Seit mehr als 30 Jahren schreiben Kinder in ganz Europa an den beliebten Gabenbringer. In Deutschland richtete die Post 1995 sechs Postämter ein, die sich speziell um die Briefe an den Weihnachtsmann und das Christkind kümmern sollten. An den Postämtern Himmelpfort (PLZ 16798), Himmelspforten (PLZ 21709), Himmelsthür (PLZ 31137), Nikolausdorf (PLZ 49681), Engelskirchen (PLZ 51766) und St. Nikolaus (PLZ 66352) gehen jährlich Hunderttausende Briefe, E-Mails und SMS an den Weihnachtsmann ein.

13. Dezember

Ja, ich versichere euch:
Wenn das Weizenkorn
nicht in die Erde kommt und stirbt, bleibt es allein.
Wenn es aber stirbt,
wird es viele neue Körner hervorbringen.

Johannes 12,24

Lucia

Mit verschiedenen Bräuchen erinnert man sich am 13. Dezember an Lucia von Syrakus, die in der Christenverfolgung um das Jahr 300 als Märtyrerin hingerichtet wurde. Lucia stammte aus einer vornehmen sizilianischen Familie. Ihr Name bedeutet so viel wie „die Lichtvolle", „die Lichtträgerin" oder „die Leuchtende". Nachdem Lucias Mutter auf wunderbare Weise von einem Leiden geheilt worden war, erlaubte sie ihrer Tochter, ihr als Aussteuer zugesagtes Vermögen unter den Armen zu verteilen und dann bedürfnislos nach dem Vorbild Jesu zu leben. Ein konsequent christliches Leben ließ sich für Lucia nicht mit einer Beziehung zu einem andersgläubigen Mann verbinden. Der heidnische Verlobte Lucias ließ ihr aus Ärger über ihre Ablehnung die Augen herausreißen, weil sie ihm besonders gefielen. Daraufhin soll sie in einem Wunder von

Gott noch viel schönere Augen bekommen haben.

Diese Legende trug dazu bei, dass Lucia in der Katholischen Kirche später als Patronin der Blinden angerufen wurde. Schließlich wurde Lucia nach damaliger römischer Rechtsprechung als bekennende Christin festgenommen und zum Tod verurteilt. Zuerst aber sollte sie in ein Bordell geschickt werden, um ihren Willen zu brechen und ihre „christliche Reinheit" zu schänden. Doch selbst ein Gespann Ochsen soll sie nicht dazu gebracht haben, das Haus zu betreten. Als das Feuer, in dem Lucia verbrannt werden sollte, ihr nichts anzuhaben schien, wurde sie schließlich mit dem Schwert hingerichtet. Bereits im 4. Jahrhundert wurde sie in Syrakus als Vorbild verehrt. Im 7. Jahrhundert wurden in Rom Kirchen nach ihr benannt.

Es entstand ein Brauch, der dem des Barbaratages sehr ähnlich war: Am 13. Dezember säte man auf einem feuchten Teller Weizenkörner aus, die bis zum Heiligen Abend aufgegangen sein sollten. In die Mitte des Weizens wurde eine Kerze gesteckt und der Teller unter dem Weihnachtsbaum oder neben der Krippe platziert. Der als edelstes Korn angesehene Weizen sollte auf Jesus Christus hinweisen, der sich selbst mit einem Weizenkorn verglichen hatte, das in der Erde sterben müsse, um viele andere Körner hervorzubringen. Die in der Mitte stehende Kerze soll verdeutlichen, dass Jesus als das wahre Licht in die dunkle Welt gekommen war. Gleichzeitig soll sie an das durch Gottes Hilfe wiedererlangte Augenlicht der Lucia erinnern. Der Weizen hatte in der Tradition der Kirche schon länger eine symbolische Bedeutung. Seit dem 16. Jahrhundert durfte nur Weizenbrot zum Abendmahl benutzt werden, weil das Weizenbrot für Christus stand. Demnach kann die keimende Weizensaat auf dem „Lucien-Teller“ den Betrachter wirkungsvoll auf die Geburt des Erlösers vorbereiten.

Nicht nur die Weizensaat an sich, auch der unnormale Zeitpunkt des Wachstums mitten im Winter, sollte die Menschen auf die Übernatürlichkeit der Geburt Jesu hinweisen. So wie Weizen nur durch ein Wunder in der Kälte und Dunkelheit des Winters zu wachsen beginnt, so soll auch die Geburt des Gottessohnes auf ein übernatürliches Eingreifen Gottes zurückgeführt werden.

In der evangelischen Kirche Norddeutschlands, später auch in Skandinavien, entwickelte sich Lucia zur weihnachtlichen Gabenbringerin. Losgelöst von der eigentlichen Geschichte Lucias wird dort eine „Luzienbraut“ gekürt, die mit einer Lichterkrone bekränzt und von weiß gekleideten Sternträgern begleitet die Gaben verteilt.

14. Dezember

Singt ihm ein neues Lied,
spielt ihm schön mit Jubelklang!

Psalm 33,3

Stille Nach, heilige Nacht

„Mit Musik geht alles besser“ heißt es. Und tatsächlich ist Musik heute allgegenwärtig: Sie kommt aus dem Handy oder dem MP3-Player, sie wird genutzt, um Werbung zu verstärken, und es dauert bestimmt nicht mehr lange, dann werden auch Lehrer ihren Unterricht mit Musik untermalen, weil man dann festgestellt haben wird, dass sich die Schüler mit Musik besser konzentrieren können.

Es wundert einen jedenfalls wenig, dass auch Weihnachten ein musikalisches Ereignis ist. Auch der Glaube kann musikalisch ausgedrückt und eingefasst werden. Und Grund zum Musizieren und Jubilieren gibt es zu Weihnachten allemal: Gott wurde Mensch und eröffnete damit der Welt eine ganz neue Perspektive für das eigene Leben und das eigene Selbstverständnis.

Das wahrscheinlich bekannteste deutschsprachige Weihnachtslied *Stille Nacht, heilige Nacht* wurde von Joseph Franz Mohr (1792–1848) in Oberndorf bei Salzburg gedichtet. Die Melodie dazu komponierte der örtliche Lehrer Franz Xaver Gruber.

Mohr wurde als uneheliches Kind in Salzburg geboren. Als Hilfspriester wurde er zuerst ins Salzburger Hochtal Lungau, in die Heimatgemeinde seines ihm unbekannten Vaters, geschickt. Seine wenig später aufbrechende Tuberkulose musste er im Krankenhaus in Salzburg behandeln lassen. 1817 kam Mohr als Hilfspfarrer nach Oberndorf.

Mohr und Pfarrer Joseph Kessler arrangierten die ersten deutschsprachigen Messen in Oberndorf – zur großen Freude der Bevölkerung, die nun erstmalig verstand, worum es in der Kirche überhaupt ging, und zahlreich zu diesen Veranstaltungen kam. Mit dem traditionalistischen älteren Pfarrer Georg Heinrich Nöstler ergaben sich fortwährende Konflikte, weil Mohr frei und offen mit der Gitarre zu den Menschen ging und deren Lieder sang. Pfarrer Nöstler hielt diese Volksnähe für unwürdig. Er klagte Mohr bei der Kirchenleitung an und machte ihn aufgrund seiner unehelichen Geburt in der Gemeinde schlecht.

Zu Weihnachten 1818 wollte Mohr der Bevölkerung von Oberndorf (meist arme Schiffer, die vom Salztransport auf der Salzach lebten und im

Winter arbeitslos waren) ein Lied geben, das sie verstehen konnten – daher in deutscher Sprache. Die Kirchenliturgie war zu dieser Zeit lateinisch und für die Schiffsleute weitgehend unverständlich. So dichtete Mohr „Stille Nacht, heilige Nacht“ und trug das Lied unter Gitarrenbegleitung zur Christmette 1818 in der Nikolauskirche von Oberndorf vor. Damit wollte er sich wohl auch von der traditionell im Gottesdienst benutzten Orgel abgrenzen.

Im September 1819 verließ Mohr Oberndorf. Ab 1832 arbeitete Mohr in Wagrain. Hier verstarb er 1848 an Lungenlähmung. Der Orgelbauer Karl Mauracher, der 1825 in der St.-Niklaus-Kirche eine neue Orgel installierte, machte das Lied im Zillertal bekannt. Von dort aus trugen die Sängerfamilien Rainer und Strasser das Lied in die ganze Welt. Bereits zur Jahrhundertwende war „Stille Nacht, heilige Nacht“ auf allen Kontinenten verbreitet.

Die Oberndorfer Nikolaus-Kirche musste wegen Hochwasserschäden 1913 abgerissen werden. An ihrer Stelle baute man bis 1937 die Stille-Nacht-Gedächtniskapelle, die jährlich von schätzungsweise 150.000 Personen aus der ganzen Welt besucht wird.

15. Dezember

Ihr werdet [den Messias] daran erkennen, dass ihr ein Kind findet, das in Windeln gewickelt in einer Krippe liegt.

Lukas 2,12

Der Christstollen

So ganz nach Kuchen sieht der Christstollen auf den ersten Blick nicht aus. Seine Form erinnert wahrscheinlich eher an ein Brot – wobei es gerade mit dem Aussehen des Stollens etwas Besonderes auf sich hat. Gemeint sind hier natürlich nicht die kleinen Christstöllchen für den Nachmittagssnack oder Einpersonenhaushalte, sondern die großen 1000 oder 1500 Gramm schweren Stollen. Ganz weiß mit Puderzucker bestreut, sollen sie nämlich an ein eng in Windeln eingewickeltes Kind erinnern.

Natürlich wickelt man Säuglinge heute nicht mehr so fest ein, sondern gönnt ihnen weit mehr Spielraum. Vor Jahrhunderten jedoch war das ganz anders. Gerade die ganz kleinen Kinder wurden fest in Tücher eingewickelt und dann auf den Rücken geschnallt oder abgelegt, während die Eltern auf dem Feld zu arbeiten hatten. Bei einem solchen Kinderbündel liegen auch die Arme des Kindes fest an.

Wenn man nun einen großen Christstollen in den Arm nimmt und ihn hin und her wiegt, könnte man ihn sich dabei auch als einen derart zusammengewickelten Säugling vorstellen. Natürlich heißt das nicht, dass Babys heute so behandelt werden sollten. Ein schön eingewickeltes Kind lässt sich eben leichter als Gebäck darstellen als eines, das sich ganz frei bewegt. Und eben darum geht es.

Der Christstollen soll eigentlich ein essbares Abbild des Jesuskindes darstellen, das in ein schneeweißes Tuch eingewickelt ist, das durch den Puderzucker nachempfunden wird. Ohne Puderzucker wurde der Stollen manchmal auch als Symbol der Wiege des Christkinds interpretiert.

1329 erteilte der örtliche Bischof den Naumburger Bäckern ein Zunftprivileg zur Herstellung von Christstollen. Der Bischof ließ sich im Gegenzug dafür jedes Jahr zu Weihnachten mit zwei Stollen entschädigen. Am berühmtesten ist wohl der sächsische Christstollen. 1457 wurde er nachweislich erstmals vom Koch des Schlosses Hartenstein bei Torgau hergestellt. In späteren Jahrhunderten war der Dresdener Christstollen ein beliebtes Weihnachtsgeschenk der sächsischen Kurfürsten.

Ob Jesus nun tatsächlich wie ein Christstollen eingewickelt wurde, ist schwer zu sagen. Das muss aber auch gar nicht der Fall sein, denn der Brauch stammt aus dem europäischen Mittelalter und illustriert, wie sich die Menschen damals den kleinen Säugling angesichts der Sitten und Bräuchen ihrer Zeit vorstellten.

Trotz aller schwergewichtigen Symbolik kann man schlussendlich nur einen guten Appetit wünschen, denn schließlich schmeckt ein echter Christstollen wirklich gut, zumal es ihn eigentlich nur einmal im Jahr zu essen gibt. Und natürlich wird durch den Christstollen keiner zum Menschenfresser, denn die äußere Form des Wickelkindes soll lediglich helfen, sich den Säugling Jesus vorzustellen, wie er vor 2000 Jahren in einem Stall im Nahen Osten geboren wurde.

16. Dezember

Dann sagte Jesus wieder zu allen Leuten: „Ich bin das Licht der Welt! Wer mir folgt, wird nicht mehr in der Finsternis umherirren, sondern wird das Licht haben, das zum Leben führt."

Johannes 8,12

Weihnachten in Asien

Weihnachten ist ein asiatisches Fest. Den Eindruck könnte man zumindest bekommen, wenn man im Dezember nach Asien reist. Auch wenn sich die wenigsten Asiaten als Christen bezeichnen, Weihnachten hat es ihnen angetan. Manchmal kitschig, manchmal asiatisch „umgefärbt", manchmal aber auch mit allen europäischen Zutaten wird Weihnachten heute in Asien gefeiert. Viele handgearbeitete Weihnachtsdekorationen werden in Deutschland für wohlhabende Kunden in Fernost produziert. Weihnachtsgirlanden, Kerzen, Sterne, Nikoläuse, Engel und Christbäume zieren im Dezember viele asiatische Einkaufstempel und Privathäuser.

Nicht nur in China ist Weihnachten das Fest der Geschenke, der Weihnachtskarten und des teuren Essens. An diesem Tag soll alles vom Feinsten sein. Seit Chinas Führung höchstpersönlich zum Konsum aufruft, darf auch im atheistischen Reich der Mitte Weihnachten gefeiert werden, zumindest im privaten Kreis. Konsumrausch zu Weihnachten ist ausdrücklich erlaubt. Um für die entsprechende Stimmung zu sorgen, erklingt in Kaufhäusern und Restaurants bereits lange vor dem Fest schnulzige Weihnachtsmusik.

In der Volksrepublik China ist der 25. Dezember kein gesetzlicher Feiertag. Christen jedoch begehen an diesem Tag inoffiziell und im privaten Rahmen Weihnachten. In Hongkong sowie in Macao ist der 25. Dezember hingegen ein Feiertag. Beides sind ehemalige Kolonien europäischer Seemächte mit christlichem Hintergrund.

In Indien ist Weihnachten ein offizieller Feiertag, der auf Hindi auch als „bada din“ („der große Tag“) bezeichnet wird. Das Fest ist sehr stark durch den Konsum amerikanischer Medien geprägt, sodass Santa Claus und Co auch dort Einzug gehalten haben. Fromme christliche Gläubige besuchen den Gottesdienst. In christlichen Schulen nehmen auch hinduistische Kinder aktiv an den Feierlichkeiten teil, z. B. bei Krippenspielen, Gesängen etc.

Südkorea ist das einzige ostasiatische Land, das Weihnachten als Feiertag anerkennt. Auch Nichtchristliche Koreaner haben längst die entsprechenden Bräuche wie das Schenken, das

Weihnachtskartenverschicken und das Schmücken von Weihnachtsbäumen übernommen. Die koreanischen Kinder haben den Weihnachtsmann, der bei ihnen „Santa Haraboji" („Großvater Santa") genannt wird, ins Herz geschlossen. Lokale Radiostationen bringen Weihnachtsmusik und im Fernsehen werden Weihnachtsfilme gezeigt. Außerdem werden zahlreiche Läden und Gebäude weihnachtlich dekoriert. Auch die Weihnachtsgottesdienste werden gut besucht. Junge Leute gehen nach dem Gottesdienst singend zu den Wohnungen älterer Gemeindemitglieder, wo ihnen warme Getränke und Snacks serviert werden.

Auf den Philippinen wird Weihnachten traditionell durch eine Abendmesse am 16. Dezember eingeläutet. Diese wird gefolgt von acht weiteren Messen – eine an jedem der nächsten Abende. Der Abend des 24. Dezembers ist die lang erwartete „noche buena". Nach dem Besuch der Mitternachtsmesse wird im Kreis der Familie das Weihnachtsessen verspeist. Es besteht aus Käseballen und Schinken.

Die ersten Weihnachtsfeiern in Japan wurden schon im 17. Jahrhundert gefeiert. Erst von den dort lebenden europäischen Kaufleuten, dann auch von den

Japanern, die den christlichen Glauben angenommen hatten. Nach schweren Christenverfolgungen kam es erst unter amerikanischem Einfluss in der zweiten Hälfte des 20. Jahrhunderts zu einem neuen „Weihnachtsboom". Obwohl kein offizieller Feiertag, ist Weihnachten (japan.: *kurisumasu)* heute in Japan sehr populär. Da finden sich Weihnachtsmänner, Tannenbäume, Kerzen, Engel usw. In Japan ist Weihnachten eine Gelegenheit für Paare, sich kennenzulernen, und für andere, um Partys zu feiern, während das Neujahrsfest der Familie gehört. An Weihnachten beschenken sich Verliebte und sie haben ein spezielles „Date". Firmen und Behörden organisieren öffentliche Weihnachtsbeleuchtungen, um den romantischen Gefühlen Genüge zu tun. Auch Familien und Freunde tauschen kleine Geschenke aus. Ein spezieller Teil des japanischen Weihnachtsfestes ist die Weihnachtstorte, weiß und oft mit Erdbeeren geschmückt, die eine

Geburtstagstorte für das Christkind darstellen soll.

Die Asiaten haben ein sehr lockeres Verhältnis zu Weihnachten. Für sie ist es vor allem ein Grund zu feiern. Während man sich in den öffentlichen Ämtern der USA kein „Merry Christmas“, sondern nur noch „Happy Holidays“ wünschen darf, ist der religiöse Hintergrund von Weihnachten in Asien kein Problem.

17. Dezember

Er [Jesus] war genauso wie Gott
und hielt es nicht gewaltsam fest,
Gott gleich zu sein. [...]
Er wurde Mensch
und alle sahen ihn als Menschen.

Philipper 2,6-7

Weihnachtskrippen

Im Schweizer Wallfahrtsort Maria Einsiedeln wird die größte Weihnachtskrippe der Welt ausgestellt, so lautet zumindest die eigene Werbung. Wer das Diorama Bethlehem in Einsiedeln besucht, kann über 450 handgeschnitzte, gekleidete und liebevoll bis ins Detail gestaltete Holzfiguren bewundern, die allesamt Szenen der Geburtsgeschichte Jesu darstellen. Weitgehend originalgetreu ist auf rund 80 Quadratmetern die Landschaft Bethlehems nachgebildet. Die 5 bis 40 cm hohen Figuren stellen die Hirten auf dem Feld vor, wie ihnen die Engel von der Geburt Jesu Christi in Bethlehem erzählen. Es findet sich natürlich auch die Szene der Geburt. Dann sind die Weisen aus dem Orient mit ihrem ganzen Gefolge zu bestaunen und auch die hastig vor den Soldaten des Herodes nach Ägypten fliehende Kleinfamilie Jesu.

Irgendwie beeindruckend ist die sechzig Jahre alte Komposition schon. Allerdings sieht man hier natürlich nicht die einzig existierende „Krippe“, denn so wird traditionell die figürliche Darstellung der Geburtsgeschichte Jesu genannt. Fast überall finden sich in der Weihnachtszeit Krippenausstellungen. Verschiedenste Künstler liefern hier ihre eigenen Interpretationen von Maria, Josef, Jesus, den Hirten und Engeln.

In früheren Jahrhunderten fanden sich diese Akteure zumeist in einer für uns heimatlich europäischen Landschaft wieder und häufig waren sie sogar genauso gekleidet wie die Hersteller der Krippen. Nun könnte man diesen Künstlern mangelnde historische Sachkenntnis unterstellen und hätte damit vielleicht sogar recht. Doch geht es bei den Krippen nicht um eine zuverlässige zeitgeschichtliche Abbildung jener Ereignisse aus dem ersten Jahrhundert. Vielmehr geht es darum, dass dieses lang zurückliegende Ereignis Auswirkungen bis in die Gegenwart hat und sich im Leben jeder neuen Generation widerspiegelt. Die Geburt von Jesus Christus hat mit dem Leben der Menschen heute zu tun. Und das zeigt sich durch eine solche Anpassung der biblischen Geschichte an die Gegenwart doch ganz gut.

Weihnachtskrippen haben eine lange Tradition. Die Geburtsszene Jesu ist schon auf christlichen Sarkophagen des 2. Jahrhunderts abgebildet. Dort wird Jesus in Windeln gewickelt und in einem Korb liegend dargestellt. Später kommen die Hirten als Vertreter der auf Erlösung wartenden Menschheit hinzu. Erst im 4. Jahrhundert wird auch Maria in die Darstellungen der Geburt Christi aufgenommen. In Bildern aus dem 5. Jahrhundert kommt auch Josef vor. Mit der Zeit wird die Geburtsszene im Stall von Bethlehem immer weiter ausgeschmückt. Stroh und Sterne, gelegentlich sogar eine Hebamme ergänzen das Bild. Dazu kommen auch die Weisen aus dem Morgenland mit ihrem Gefolge.

Der Begriff „Krippe“ bezeichnet im christlichen Umfeld nicht mehr nur den Futtertrog des Viehs im Stall, sondern die Darstellung der ganzen Geburtsszene Jesu in Bethlehem. Im Zentrum der Krippe stehen Maria und Josef um den neugeborenen Jesus im Futtertrog. Ochs und Esel werden schon sehr früh in die Krippendarstellung einbezogen. Grundlage dafür

ist eine Aussage Jesajas. Der Prophet vergleicht Ochse und Esel, die die Krippe ihres Herrn kennen, mit dem Volk Israel, das hingegen nichts verstehe (Jesaja Kapitel 1, Vers 3). Auch die anbetenden Hirten und die Ankunft der Weisen aus dem Osten gehören nach den Evangelien zum üblichen Aufbau der Krippe. Krippen wurden je nach den Vorstellungen der Künstler oder Auftraggeber in einem Kasten, auf einer Bühne, in einer Landschaft, auf einem Krippenberg, in einer Höhle oder in einem Holzstall aufgebaut.

Spätestens seit der Weihnachtskrippe des Franz von Assisi in einer Höhle bei Greccio im Jahr 1223 ist der Krippenbrauch urkundlich erwähnt. Diese eindrückliche Darstellung wurde begeistert aufgenommen und begründete eine weite Verbreitung der Krippenszenen in ganz Europa. Den damaligen Theologen lag auch daran, das Leben Jesu für die Bevölkerung im wahrsten Sinne des Wortes anschaulich zu machen. Dazu sollten auch diese plastischen Darstellungen des Lebens Jesu dienen, nicht nur in seiner Herrlichkeit bei

Gott, sondern auch in seiner Armut als Mensch, in der dürftigen Umgebung des ländlichen Stalls. Zuerst überwogen deshalb noch die einfachen, an der jeweiligen bäuerlichen Realität orientierten Krippen.

Im Barock kamen dann prunkvoll verzierte und bemalte Krippen in Mode. Die Figuren wurden aus Holz, aus Ton oder aus Wachs hergestellt, manchmal hatten sie sogar bewegliche Glieder und meist waren sie prächtig gekleidet. Manche Künstler legten auch besonderen Wert auf die Gestaltung der landschaftlichen Umgebung des Stalls, wobei Bethlehem und Jerusalem dabei oft eher der lokalen europäischen Umgebung als der nahöstlichen Realität entsprachen. Im 16. Jahrhundert finden sich zahlreiche episodisch aufgebaute Weihnachtskrippen. Neben der eigentlichen Geburtsszene wurden auch andere in der Bibel erwähnte Ereignisse unmittelbar vor- und nachher dargestellt. Engel, Hirten, Weise, gelegentlich auch Simeon, Hanna und König Herodes treten hier auf. Vielfach wurden die Krippenszenen entsprechend des jeweiligen Abschnitts der Weihnachtszeit verändert: Zuerst waren Maria und Josef auf dem Weg nach Bethlehem zu sehen, dann die Geburt mit der Anbetung der Hirten, einige Tage später Jesus im

Tempel und noch etwas später der Besuch der Weisen aus dem Morgenland. Die entsprechend dem biblischen Geschehen, an das gerade erinnert wurde, umgruppierten Krippenszenen waren häufig bis Anfang Februar in der Kirche zu sehen. Gelegentlich wurden die Figuren sogar während des Gottesdienstes verschoben, wodurch Leben in die Darstellung gebracht wurde. In der Praxis verlief das dann ähnlich wie in einem Puppentheater. So ließ man beispielsweise in Ellwangen die Engel an Schnüren von der Kirchendecke zu den Hirten auf dem Feld herabschweben. In der Barockzeit wurden diese Krippenaufführungen als „große Kanzel“ für die einfachen Christen bezeichnet. Sie sollten die Andacht fördern und der unmittelbaren Verkündigung dienen.

An der modernen Weihnachtskrippe stehen heute auch schon mal allerlei seltsame Gestalten: drei Könige als Repräsentanten dreier Kontinente, ein zum „Winter-Alm-Öhi“ mutierter Nikolaus, Rudolph mit der roten Nase, Nikola, die Weihnachtsfrau, und der Postbote mit Massen an Verkaufsprospekten.

Durch alle Jahrhunderte hinweg hatte die Krippe vor allem die Aufgabe, das Wunder der

Menschwerdung Gottes in der historischen Geburt Jesu in Bethlehem für Christen und Heiden deutlich sichtbar zu machen. So sind die Krippen auch ohne entsprechende Ansprache und Krippenspiel eine bildliche Predigt des Heilshandelns Gottes.

18. Dezember

Nachdem die Sterndeuter abgereist waren, erschien auch Josef im Traum ein Engel, der zu ihm sagte: „Steh auf, nimm das Kind und seine Mutter, und flieh nach Ägypten! Und bleib dort, bis ich dir neue Weisung gebe. Denn Herodes will das Kind suchen und umbringen lassen."

Matthäus 2,13

Asyl

Der 18. Dezember wurde im Jahr 2000 von der UNO zum Internationalen Tag der Migranten erklärt. Am 18. Dezember 1990 wurde die Konvention zum Schutz der Rechte aller Migranten und ihrer Familienangehörigen von der UN-Vollversammlung angenommen, und das hat doch irgendwie mit Weihnachten zu tun. Schließlich war auch Jesus Christus Flüchtling, Migrant. Einmal sicherlich in dem Sinn, dass er seine Heimat bei Gott im Himmel verlassen hatte, um den Menschen zu sagen und zu zeigen, wie Gott ist. Zum anderen war er aber auch ganz unmittelbar ein Flüchtling, ein Asylbewerber. So berichtet der Jünger Matthäus, dass der machtgierige jüdische König Herodes im Alter immer paranoider wurde. Jeder, der ihm nach dem Thron trachtete, oder von dem Herodes dachte, er würde es tun, wurde grausam verfolgt. Dabei machte er selbst vor seinen eigenen Söhnen und Frauen nicht Halt.

So wundert es nur wenig, dass Herodes befahl, alle Kinder unter zwei Jahren zu töten, weil Sterndeuter aus dem Orient ihm berichtet hatten, in Bethlehem müsse ein neuer König der Juden geboren worden sein. Die Sterndeuter fanden zwar den neugeborenen Jesus, wurden aber gewarnt, dessen Geburt nicht nach Jerusalem an den Hof des Herodes zu melden. Um ganz sicherzugehen und jeden möglichen Kontrahenten von vornherein auszuschalten, ließ Herodes alle männlichen Neugeborenen unter zwei Jahren töten. Maria, Josef und Jesus konnten vor den Soldaten des Königs gerade noch ins nahe gelegene Ägypten fliehen, wo sie bis zum Tod des Tyrannen ausharrten. Dann kehrten sie in die Heimat zurück, wo die nächsten Jahre des jungen Jesus friedlich verliefen (vgl. Matthäusevangelium, Kapitel 2).

Vielleicht kann das Beispiel von Jesus im Advent daran erinnern, dass es damals wie heute gute Gründe gibt, seinem Heimatland den Rücken zu kehren, zum Beispiel weil das eigene Leben bedroht ist. So wie damals Ägypter Jesus Christus Schutz und Unterkunft boten, sind möglicherweise heute Deutsche in der Lage, ehrlichen Asylbewerbern zu helfen und sie nicht nur als

Bedrohung oder Gefahr zu sehen. Dabei hoffen natürlich alle, die gegenwärtig friedlich in diesem Land leben, nicht selbst einmal zu Flüchtlingen zu werden und auf die Gastfreundschaft und Hilfe anderer Nationen angewiesen zu sein.

Bei überzeugten Christen könnte der Tag der Migranten auch noch andere Assoziationen wecken. Schon der Apostel Paulus schreibt an die Christen von Philippi, dass ihre wirkliche Heimat nichts mit ihrer Nationalität zu tun habe, sondern bei Gott liege. Erst nach ihrem irdischen Ende kämen sie in ihre eigentliche Heimat: in die Gegenwart Gottes. Mit dem Hinweis auf diese Lebensperspektive will Paulus dazu ermutigen, sich nicht allein mit irdischen, eigensüchtigen Zielen die Zeit zu vertreiben, sondern stattdessen Gott und die Ewigkeit in die Lebensplanung mit einzubeziehen (vgl. Brief an die Philipper, Kapitel 3, Vers 20). Auch das scheint ein durchaus weihnachtlicher Gedanke zu sein: Jesus kommt als Mensch auf diese Erde, um deren Bewohnern den Weg zurück zu ihrem himmlischen Vater zu zeigen. In dieser Hinsicht sind wir irgendwie alle Migranten, auch wenn das nicht immer so ganz im Bewusstsein jedes Christen präsent ist.

19. Dezember

*Als sie den Stern sahen,
kam eine sehr große Freude über sie.
Sie gingen in das Haus und fanden das Kind mit
seiner Mutter Maria. Da warfen sie sich vor ihm
nieder und erwiesen ihm die Ehre. Dann holten sie
ihre mitgebrachten Schätze hervor und legten sie
dem Kind hin: Gold, Weihrauch und Myrrhe.*

Matthäus 2,10–11

Weihnachtsstern

Auch Pflanzen predigen und erinnern an Weihnachten. In Deutschland ist zum Beispiel der rot blühende Weihnachtsstern (Euphorbia pulcherima) sehr populär. Von ihm werden jedes Jahr allein in Deutschland rund 40 Millionen Exemplare verkauft. 1825 wurde die Pflanze von dem amerikanischen Diplomaten Joel R. Poinsett in Mexiko entdeckt und in den USA verbreitet. Schnell wurde sie zum festen Bestandteil weihnachtlicher Dekoration. Durch ihre sternförmigen Blätter soll die Pflanze an den Stern von Bethlehem erinnern.

Darüber hinaus blüht der Weihnachtsstern gerade zur Weihnachtszeit und steht so als Symbol für neues Leben in menschlicher Dunkelheit und Kälte. Die Pflanze wird zum Zeichen für die neue Lebenschance, die Gott mit der Geburt seines Sohnes der im Chaos versinkenden Menschheit anbietet. Andererseits sind in den Farben der Poinsette die klassischen Weihnachtsfarben aufgenommen: Grün für die Hoffnung und Rot als Hinweis auf das Blut Christi, vergossen zur Wiedergutmachung allen menschlichen Versagens.

Die Christrose soll an die neue Blüte – den königlichen Nachkommen aus der Familie Davids – erinnern, der von den Propheten der Bibel angekündigt wurde. In einer Zeit, in der Davids Königsherrschaft lange zurücklag und Israel schwach und hilfsbedürftig war, versprach Gott durch die Propheten einen „Sohn Davids" zu schicken, der seinem Volk beistehen solle. Nach christlichem Bekenntnis ist Jesus Christus der von Gott angekündigte Befreier. Jesus sollte allerdings nicht nur den unter der Besatzung der Römer leidenden Juden helfen, sondern Erlöser aller Menschen werden, die in der Gottferne ohne wirklichen Sinn und ziellos dahinleben. So soll die in dunkler Winterzeit blühende Christrose der Gewissheit Ausdruck verleihen, dass durch das Leben Jesu der von Schuld und Egoismus verdunkelte Alltag der Menschen erhellt und verändert werden kann.

Eine weitere typische „Weihnachtspflanze" ist die Mistel, die auf weihnachtlichen Karten, Tischdecken, Fensterbildern, Servietten und anderem Weihnachtsschmuck weit verbreitet ist. Im Winter wurde die auch in kahlen Bäumen noch grünende Mistel als Symbol neuen Lebens und der Wiedergeburt angesehen.

Misteln, die weder Baum noch Strauch sind, symbolisierten außerdem das Freisein von jeder äußeren Beschränkung. Aus dieser Vorstellung entwickelte sich der Brauch, unter dem Mistelzweig eine Person anderen Geschlechts küssen zu dürfen, was außerhalb dieser Sondersituation gesellschaftlich verpönt war.

Der Brauch des Küssens scheint darüber hinaus auch mit der Friedenssymbolik der Mistel im Zusammenhang zu stehen. Offensichtlich sprach man der Pflanze eine friedensstiftende Wirkung zu – zumindest symbolisch. Misteln wurden als Freundschafts- und Friedenssymbol in nachbarliche Häuser getragen. Feinde, die sich unter einem Mistelzweig trafen, mussten sich der Sitte nach versöhnen. Die Mistel steht nun jedoch nicht mehr nur für den menschlichen Frieden, sondern symbolisiert darüber hinaus das Friedensangebot Gottes an die gegen ihn rebellierende Menschheit. Gott drückt seinen Frieden dadurch aus, dass er als wehrloses Kind (Jesus) zu den ihm feindlich gesinnten Menschen kam. So wie Gott Frieden mit den Erdbewohnern schließen will, so sollen auch die Menschen einander vergeben und Frieden untereinander stiften.

20. Dezember

Halleluja, preist Jahwe! Lobt Gott in seinem Heiligtum! Lobt ihn in seiner himmlischen Macht! Lobt ihn für sein gewaltiges Tun! Lobt ihn für seine große Majestät. Lobt ihn mit dem Hall des Horns, mit Harfen und mit Lautenklang! Lobt ihn mit Tamburin und Reigentanz, mit Flöten und mit Saitenspiel! Lobt ihn mit dem Schall von Becken und mit hellem Zimbelton! Alles, was atmet, lobe Jahwe! Halleluja, preist Jahwe!

Psalm 150

Weihnachtsmusik

Manchmal können Weihnachtslieder ganz schön nerven – besonders die kitschigen. Störend sind sie vor allem, wenn sie an jeder Ecke zu hören sind, durch jeden Lautsprecher dudeln – auf der Straße, im Geschäft und als Warteschleifenmusik der Hotline. Eigentlich aber kann die Musik im Advent etwas Schönes sein. Sie nimmt mit hinein in eine andere, weihnachtliche Welt, vermittelt Liebe, Verständnis und Gottes Nähe. Oftmals erinnern weihnachtliche Lieder an die eigene – hoffentlich schöne – Vergangenheit. Manchmal verbindet die Weihnachtsmusik über Generationen hinweg, weil sie nicht so sehr schnelllebigen Modewechseln unterworfen ist. Beim Adventskonzert in der Kirche oder beim Musikhören im gemütlichen Heim kann weihnachtliche Musik helfen zu entspannen, die Welt mit ihren kleinen und großen Problemen für einen Augenblick zu vergessen, zur Ruhe zu kommen und auf Gottes Angebot der Gemeinschaft mit ihm einzugehen.

Die Tradition der Weihnachtslieder lässt sich bis in die Frühzeit der christlichen Kirche zurückverfolgen. Schon im 3. Jahrhundert wurden während des Gottesdienstes weihnachtliche Hymnen und Responsorien (Antwortgesänge) gesungen, und dabei handelt es sich nur um die ältesten heute bekannten Weihnachtslieder. Gesungen wurde zum Christfest wahrscheinlich schon viel früher. Im Mittelalter waren die meisten Weihnachtslieder als Wechselgesang konzipiert, eine Person oder eine Gruppe von Geistlichen sang die Strophen und die Gemeinde antwortete mit dem Refrain.

Seit der Reformation wurden thematische Weihnachtslieder in die üblichen Krippenspiele eingefügt. So wurden die schauspielerisch dargebotenen Szenen der Herbergssuche, der Anbetung der Hirten oder des „Kindleinwiegens“ von Gemeindeliedern unterbrochen und unterstrichen. Viele dieser Lieder verselbstständigten sich später und wurden unabhängig von der gespielten Weihnachtsgeschichte im Gottesdienst oder während privater Weihnachtsfeiern gesungen. Luther übersetzte zahlreiche lateinische Weihnachtslieder ins Deutsche, um der einfachen Gemeinde das Mitsingen zu ermöglichen. Eingängige Melodien und verständliche Texte führten dazu, dass immer mehr Lieder nicht nur in der Kirche, sondern auch auf den Straßen und in den Familien gesungen wurden. Luthers *Vom Himmel hoch, da komm ich her* war damals eines der beliebtesten Weihnachtslieder.

Bei der evangelischen Weihnachtstradition des Quempas-Singens wird das Weihnachtsgeschehen in der Kirche durch einen Rund- und Wechselgesang dargestellt, das heißt: In den vier Ecken des Kirchenraums stehen Chöre, die im Wechsel Weihnachtsbotschaften singen. Heute findet das Quempas-Singen auch im Freien, auf offenen Straßen und Plätzen statt.

Parallel dazu entwickelte sich der Brauch des Kurrende-Singens (Laufchor). Gruppen schwarz gekleideter, zumeist armer Schüler und Studenten zogen in der Adventszeit nachmittags von Haus zu Haus, um in mehrstimmigen

Chören geistliche Lieder zu singen. Zum Lohn dafür erhielten sie von den Leuten lebensnotwendige Nahrungsmittel und weihnachtliches Gebäck.

Seit dem 17. Jahrhundert ist das Weihnachtsansingen bekannt. Von den Kirchtürmen wurde geblasen und auf den Marktplätzen gesungen. Jugendliche, meist mehrere weiß gekleidete Mädchen, gingen von Haus zu Haus und sangen in den Vorhöfen und vor den Haustüren alte Weihnachtslieder. Diese Sitte setzt sich in den Kirchen bis heute durch den Brauch fort, in der Weihnachtszeit in Krankenhäusern und Altenheimen zu singen und zu spielen.

Im 19. Jahrhundert entstand eine eigene Form weihnachtlicher Hausmusik. Musikalisch wird die Weihnachtsgeschichte beispielsweise in den klassischen Kompositionen von Heinrich Schütz und Hugo Distler wiedergegeben. Auch die sechs Kantaten des Weihnachtsoratoriums von Johann Sebastian Bach und das Oratorium *Der Messias* von Georg Friedrich Händel gehören zum festen Repertoire der jährlichen Weihnachtskonzerte.

Die Nationalsozialisten unternahmen den Versuch, alle weihnachtlichen Bräuche zu germanisieren, so texteten sie Lieder, die den deutschen Wald besangen oder Jesus Christus als den kämpferischen Helden glorifizierten. Heutige Weihnachtslieder wenden sich stärker der Lebenswelt der Kinder oder auch der Natur zu. Dabei geht es häufig um den Schnee, um Geschenke, den Weihnachtsmann, leckere Süßigkeiten und Ähnliches mehr. Seit dem Zweiten Weltkrieg kam es auch zu einer zunehmenden Kommerzialisierung der Weihnachtsmusik. Statt selbst zu singen, werden alte Weihnachtsmelodien, Popsongs oder Weihnachtsraps vermarktet, und sie bestimmen seither die musikalische Seite des Christfests in Supermärkten, Restaurants, im Radio und bei privaten Weihnachtsfeiern.

21. Dezember

Acht Tage später waren seine Jünger wieder beisammen. Diesmal war auch Thomas dabei. Die Türen waren verschlossen, doch plötzlich stand Jesus genau wie zuvor in ihrer Mitte und sagte: „Friede sei mit euch!" Dann wandte er sich an Thomas und sagte: „Leg deinen Finger hier auf die Stelle und sieh dir meine Hände an! Gib deine Hand her und lege sie in meine Seite! Und sei nicht mehr ungläubig, sondern glaube!" – „Mein Herr und mein Gott!", gab Thomas ihm da zur Antwort.

Johannes 20,26-28

Thomas-Tag

Thomas, einer der 12 Begleiter von Jesus Christus, ist den meisten Menschen als „ungläubiger Thomas" bekannt. Schließlich war er es, der sich am längsten weigerte zu akzeptieren, dass Jesus tatsächlich von den Toten auferstanden war. Zugegeben: ein bodenständiger, realitätsnaher Mann. Denn wer würde heute schon jemandem glauben, der einen davon zu überzeugen versuchte, ein Mensch, den man selbst hat sterben sehen, weile plötzlich wieder unter den Lebenden. „Ganz unmöglich", sagte sich Thomas. Erst als Jesus ihm persönlich erschien, er mit ihm sprach, ihn berühren durfte, konnte er dessen Auferstehung von den Toten akzeptieren und sich darüber freuen (Johannesevangelium, Kapitel 20, Verse 24 ff.).

Das hat natürlich auch wieder mit Weihnachten zu tun, wo die ganze Geschichte mit Jesus Christus begann. Wenn er wirklich Gott war und nicht nur ein armes jüdisches Kind, dann fällt es nicht schwer zu akzeptieren, dass er außerordentliche Wunder tun konnte und nicht dauerhaft tot blieb. Thomas erinnert an diese Vertrauensfrage, die sich jedem Hörer der Geschichte von Jesus Christus stellt.

Dem Apostel Thomas wurde bewusst der dunkelste Tag des Jahres, der 21. Dezember, gewidmet, hatte er doch am längsten an der Auferstehung Jesu Christi gezweifelt. Der christlichen Überlieferung nach missionierte Thomas in Arabien und Asien, er soll bis nach Indien gekommen sein, wo sich noch heute Kirchen auf ihn berufen. Im Osten sollen ihm auch die drei Weisen aus dem Morgenland begegnet sein, denen er über das weitere Ergehen Jesu berichtete, woraufhin sie sich bekehrten und anschließend von Thomas getauft und als Bischöfe eingesetzt wurden. Im Jahr 72 n. Chr. soll Thomas durch einen heimtückischen Lanzenstoß von Gegnern des christlichen Glaubens ermordet worden sein.

In der Vergangenheit wurde der Thomas-Tag auch immer wieder mit allerlei Orakeln verbunden. Die meisten Bräuche wurden vom Gesinde, insbesondere von den Mägden praktiziert. Heiratslustige Mädchen blieben bis Mitternacht auf und sahen ins Wasser oder in einen Spiegel, wo sie das Gesicht ihres Zukünftigen zu erblicken hofften. Den konnten sie dem Volksglauben nach auch im Traum erkennen, wenn sie in dieser Nacht falsch herum im Bett schliefen, also mit dem Kopf am Fußende. Andere Mädchen stellten am Abend des Thomastages Krüge voll Wasser vor die Tür. Wer sich am Morgen mit diesem Wasser wusch, wurde angeblich schön.

Am Thomastag wurden auch die letzten Klötzen- und Früchtebrote gebacken, die zu den ältesten Backwaren der Weihnachtszeit gehören. Sie wurden ohne den Zusatz von Honig oder Zucker hergestellt. Stattdessen wurden dem Teig Schalen getrockneter Birnen (Klötzen/Kletzen) oder geschälte Dörrbirnen (Hutzeln) beigemengt. Ging die backende Frau mit dem Teig an den Händen in den Garten und umarmte die Obstbäume, sollten diese dem Volksglauben nach im kommenden Jahr reichlich Früchte bringen. Die Endstücke der Klötzenbrote verschenkte ein Mädchen seinem Traumprinzen.

Solche Vorstellungen lassen uns schmunzeln, obwohl auch heute noch vielen ominösen Praktiken und Methoden gerne geglaubt wird, wenn sie nur blumig Gesundheit und Glück versprechen. Am Thomastag wundern solche Losbräuche aber umso mehr. Schließlich hat Thomas nicht zu viel, sondern zu wenig geglaubt.

22. Dezember

Plötzlich waren sie von
ganzen Heerscharen des Himmels umgeben,
die alle Gott lobten und riefen:
„Ehre und Herrlichkeit Gott in der Höhe
und Frieden den Menschen im Land,
auf denen sein Gefallen ruht.“

Lukas 2,13-14

Engel

Engel sind süß. Und in der Zeit vor Weihnachten tauchen sie plötzlich massenhaft auf – junge Frauen im Glitzerkostüm mit weißen Flügeln oder kleine pausbäckige Putten aus der Sixtinischen Kapelle. Seit dem Aufschwung von Fantasy, Mystery und Esoterik bevölkern diese ätherischen Wesen Medien, Konsumtempel und auch manche Privathäuser. Mit den biblischen Engeln haben diese „Jahresendflügelpuppen" natürlich wenig zu tun. Es sind mythische Figuren, wie sie als Götterboten oder Magier in fast allen Religionen der Welt vorkommen. Unter den zahlreichen heute verbreiteten Engelbüchern findet sich kaum eines, das die Engel der Bibel beschreibt. Zwischen den Vorstellungen von individuellen Schutzengeln und stimmungsvoller Wohnungsdekoration kommen die Engel der Bibel schnell unter die Räder. Wer die Heilige Schrift zurate zieht, liest

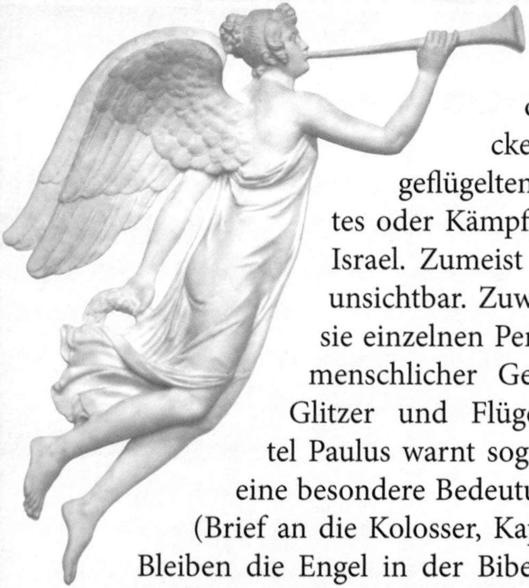

da von erschreckenden Rächern, geflügelten Dienern Gottes oder Kämpfern für das Volk Israel. Zumeist aber sind Engel unsichtbar. Zuweilen erscheinen sie einzelnen Personen, häufig in menschlicher Gestalt, nicht mit Glitzer und Flügeln. Der Apostel Paulus warnt sogar davor, Engeln eine besondere Bedeutung beizumessen (Brief an die Kolosser, Kapitel 2, Vers 18). Bleiben die Engel in der Bibel zumeist unbemerkt im Hintergrund, tun Christen gut daran, sie dort zu belassen. Wer Hilfe sucht, sollte auch zu Weihnachten nicht lange bei den Engeln stehen bleiben, sondern zu Jesus Christus, dem Sohn Gottes, kommen.

Engel sind in der Bibel Boten Gottes, wie es schon das griechische Wort andeutet (*angelos* = „Bote“, „Gesandter“). In der Gestalt, in der sie als Weihnachtsschmuck auftauchen, werden sie auch z. T. in der Bibel beschrieben. Zumeist erscheinen sie in menschlicher Gestalt, aber mit übernatürlichen Fähigkeiten. Häufig sind sie zum Zeichen ihrer Reinheit und Zugehörigkeit zu Gott weiß gekleidet. Die Engel in der

Gegenwart Gottes werden auch mit Flügeln beschrieben.

Es werden in der Bibel auch Engel beschrieben, die sich um das Wohl der Christen kümmern. Sie öffnen den Menschen die Augen für die göttliche Welt oder teilen ihnen den Willen Gottes mit. Engel führen auch das Gericht Gottes aus. In erster Linie aber sind sie zum Lob Gottes da.

Das Auftreten von Engeln begleitet das Leben Jesu von seiner Zeugung, über seine Geburt (Weihnachten), seine Versuchung durch den Teufel, seine Gefangennahme, seine Auferstehung und seine zweite Ankunft am Ende der Zeiten.

Wurden Engel in den ersten Jahrhunderten vornehmlich als Männer in einer Tunika dargestellt, wechselte das Bild später zu einem geschlechtsneutralen Wesen. Ab 1500 n. Chr. wurden Engel immer häufiger in der Gestalt junger Frauen abgebildet. Deren Aussehen hing sehr stark von dem jeweiligen Schönheitsideal der entsprechenden Zeit ab.

Im Barock tauchten mehr und mehr Engel in der Form wohlgenährter Kinder („Putten") auf, die gerne als Dekoration in Kirchen angebracht wurden. Engel findet man heute in verschiedenen

Farben gewandet. Weiße Kleidung ist ein Zeichen für die vollkommene Reinheit der Engel. Purpurfarbene Gewänder sollen die Hoheit der Boten Gottes betonen. Blau als Farbe des Himmels weist auf ihre übernatürliche himmlische Herkunft hin.

Die Gegenstände, mit denen die Engel dargestellt werden, sollen bestimmte Charaktereigenschaften oder Aufgaben hervorheben. Ein Stab oder eine Buchrolle weisen den Engel als Boten aus. Lilienstängel in der Hand von Engeln gelten als Sinnbild der jungfräulichen Reinheit. Palmzweige tragen Engel, die als Friedensboten auftreten. Musikinstrumente verweisen auf ihre Aufgabe, Gott mit Musik zu verherrlichen. Engel mit flammenden Schwertern in den Händen stehen im Kampf gegen das Böse zum Schutz der Kinder Gottes. Engel, die Posaunen blasen, verkünden das in der Bibel vorhergesagte Gericht über die Menschheit.

Die weihnachtlichen Engel sollen die Menschen auch heute immer neu an die Geburt des Sohnes Gottes erinnern. Das ist ein Grund der Freude. Die im Kerzenlicht glänzenden Engel stehen für die Heerscharen Gottes, die den ahnungslosen Hirten auf den Feldern von Bethlehem erschienen und ihnen die Frohe Botschaft der Ankunft Gottes auf Erden nahebrachten. So wie die Hirten daraufhin Jesus Christus suchten, um ihn anzubeten, soll Weihnachten ein Anlass sein, sich neu auf die Suche nach Gott zu machen und ihm für all das zu danken, womit er jeden beschenkt hat.

23. Dezember

„Denn ich weiß ja,
was ich mit euch vorhabe", spricht Jahwe.
„Ich habe Frieden für euch im Sinn
und kein Unheil.
Ich werde euch Zukunft schenken
und Hoffnung geben."

Jeremia 29,11

Grüne Weihnacht

Weihnachten ist auch Grün. Grün kommt schließlich überall in der weihnachtlichen Dekoration vor: in Kränzen und Zweigen, Blumen und Christbäumen.

Grün steht in der Farbensymbolik für Hoffnung, Zuversicht und Erwartung des Kommenden.

Grün ist beruhigend, erfrischend, menschlich, Symbol für Beschaulichkeit und Auferstehungshoffnung. Der grüne Pflanzenwuchs im Frühling trägt die Zuversicht und Hoffnung auf neues Leben in sich.

In der Advents- und Weihnachtszeit sollen grüne Zweige und grüne Dekorationen die Erwartung des ersten Kommens Christi zu Weihnachten und die Hoffnung auf die Wiederkunft Jesu und das damit anbrechende Reich Gottes verbildlichen.

Das Grün des Christfests soll den Christen animieren, die Hoffnung auf die Zusagen Gottes trotz der ungelösten Probleme des Alltags und intellektueller Zweifel nicht fallen zu lassen.

Vergebung der Sünde, ewiges Leben bei Gott, das Ende von Hass, Krankheit und Ungerechtigkeit hat Gott denen versprochen, die ihm ihre Existenz zu Lebzeiten anvertrauen (Matthäusevangelium, Kapitel 5, Vers 3 ff.). Auch wenn die Erfüllung dieser Zusagen im Alltag nicht immer sichtbar ist, darf der Christ sich seine Hoffnung auf die Versprechen Gottes nicht nehmen lassen. Die Geburt Jesu zeigt, dass sich die Hoffnung auf das Handeln Gottes lohnt. Daran sollen Tannengrün und Stechpalmenblätter erinnern. Wenn Gott Mensch werden kann und ein vor Gott hoffnungslos verschuldeter Mensch neu wird, haben Gläubige die berechtigte Hoffnung, dass Gott die eigene Persönlichkeit und die täglichen Probleme lösen kann und will.

Grün ist nicht nur die Farbe der Hoffnung, sondern auch die der Auserwählten, die „grünen wie ein Ölbaum“ (Psalm 52, Vers 8 und Psalm 92, Vers 12). Deshalb wird der Apostel Johannes in der Malerei oft auch mit grüner Kleidung abgebildet. Insofern soll das weihnachtliche Grün auf Gott hinweisen, der durch die Sendung Jesu seinem Willen Ausdruck verliehen hat, Menschen

für die ewige Gemeinschaft mit ihm vorzubereiten.

Grün ist ferner die Farbe der Treue Gottes zu den Menschen und der beabsichtigten Treue des Christen zu Gott. Die Treue Gottes ist gleichzeitig die Grundlage christlicher Hoffnung. Die grünen Zweige des Weihnachtsschmucks sollen der Hoffnung auf Gottes Hilfe und Rettung Ausdruck verleihen und ein bildliches Bekenntnis des Vertrauens in die Treue Gottes darstellen.

24. Dezember

Er hat nicht einmal
seinen eigenen Sohn verschont,
sondern ihn für uns alle ausgeliefert:
Wird er uns dann noch
irgendetwas vorenthalten?
Römer 8,32

Geschenke

Was wäre Weihnachten ohne Geschenke? Zugegeben, für Eltern bedeutet das Organisieren der passenden Präsente zumeist Stress und manchmal auch Ärger, wenn doch einmal das Falsche ausgesucht wurde oder der Freund ein wertvolleres Geschenk bekommen hat. Aber auch die meisten Erwachsenen bekommen gerne Geschenke – wenn es nur die richtigen sind. Um ganz sicherzugehen beschenken sich viele gleich selbst. Andere hoffen auf ein ganz bestimmtes Zeichen der Liebe und sind später enttäuscht, wenn der Partner doch nach dem eigenen Geschmack und Interesse ausgewählt hat. Wieder andere nehmen alles, was da kommt, und freuen sich sogar noch darüber.

Weihnachtsgeschenke sollen an die liebevolle Zuwendung Gottes zu den Menschen erinnern. Nach christlicher Deutung haben Weihnachtsgeschenke ihre Wurzel in dem Bibelwort: „Also hat

Gott die Welt geliebt, dass er seinen einzigen Sohn gab (schenkte), damit alle, die ihm vertrauen, ... das ewige Leben haben können" (Johannesevangelium, Kapitel 3, Vers 16). Außerdem erinnern Geschenke an die Gaben, die die „Heiligen Drei Könige" dem Jesuskind brachten.

Der weihnachtliche Brauch des Schenkens ist noch verhältnismäßig jung. Ursprünglich kamen die Geschenke vom Nikolaus am 6. Dezember. Einer alten Erzählung nach begegnete Nikolaus einem jungen Mann, der um jeden Preis reich werden wollte. Nachdem er einen Pakt mit dem Teufel eingegangen war, blühten seine Geschäfte, aber er wurde zunehmend einsam und freudlos. Bischof Nikolaus riet ihm, seine Güter, die ihn gefangen nahmen, zu verschenken. Der Mann beherzigte diesen Rat. Dadurch wurde er zwar ärmer, aber er fand wieder innere Ruhe und Freiheit vom unheilvollen Einfluss von Gier und Geiz in seinem Leben. Diese Legende wurde in der Vergangenheit oft herangezogen, um hartherzige Reiche in der Weihnachtszeit zu motivieren, armen Mitmenschen von ihrem materiellen Besitz abzugeben.

Zu einem regelrechten Gabenfest entwickelte sich Weihnachten erst nach der Reformation. In evangelischen Gebieten wurden die Geschenke nicht mehr dem katholischen Heiligen, sondern dem Christkind zugeschrieben. Damit verschob sich die Geschenkübergabe vom 6. zum 25. Dezember. Zwar erhielten Luthers Kinder 1535 noch Nikolausgeschenke, doch kamen die Gaben heimlich in der Nacht. Dadurch wollte Luther den Nikolaus in den Hintergrund treten lassen, damit dessen Erscheinen und die von ihm überreichten Geschenke nicht vom Christkind, von Jesus Christus, ablenken können. Nach und nach setzten die Reformatoren den Heiligen ganz ab und ersetzten ihn durch den heiligen Christus, der die Bescherung am 25. Dezember vornehmen sollte. Schon vor mehr als 200 Jahren verlegte man die Bescherung in den deutschsprachigen Ländern auf den 24. Dezember. Das begründete man damit, dass nach jüdischer Zeitrechnung der Tag schon am Vorabend beginnt. Demnach wurde der Heiligabend als Beginn des ersten Weihnachtsfeiertags begangen.

In den englischsprachigen Ländern werden die Kinder am 25. Dezember beschenkt.

Im 17. Jahrhundert begann das Christkind auch persönlich aufzutreten – engelartig, meist als Frau mit langem blondem Haar, weißem Gewand, mehlgeschminktem Gesicht, einer Krone aus

Goldpapier und brennender Kerze in der Hand. Den Kindern wurde erzählt, das Christkind (jetzt nicht mehr identisch mit dem Jesuskind) käme mit den Engeln direkt vom Himmel herab. Seit dem 18. Jahrhundert wurden nicht mehr nur die Kinder beschenkt, sondern auch die erwachsenen Familienmitglieder und Dienstboten. In neuester Zeit wurde die Aufgabe von Nikolaus und Christkind immer mehr vom Weihnachtsmann übernommen.

Eine andere Wurzel der Weihnachtsgeschenke liegt in dem Brauch, Dienstboten einmal im Jahr zu belohnen und Arme zu beschenken. Herrscher, Stadtregierungen und Klöster schenkten ihren Bediensteten, Bürgern und Schutzbefohlenen zu Weihnachten bestimmtes Gebäck. Bedürftige und Arme sollten im Zeichen christlicher Nächstenliebe mit Nahrungsmitteln versorgt werden. Dazu kam speziell weihnachtliches Honig- und Lebkuchengebäck. Eine soziale Komponente der Weihnachtsgaben ist darin zu sehen, dass ursprünglich Jugendliche, Arme und Leute, die im Winter ohne Einkommen waren, sich zu Weihnachten Gaben von den Vermögenden erbitten konnten und zum Dank dafür gute Wünsche, Gesänge und Musik darbrachten. Bis heute ist es üblich, zu Weihnachten dem Zeitungsjungen oder dem Postboten ein kleines Geschenk zukommen zu lassen. Auch christliche Hilfswerke werben insbesondere zu Weihnachten erfolgreich um finanzielle Unterstützung. Damit stehen sie in der Tradition materieller Hilfeleistung in Erinnerung an die liebevolle Zuwendung Gottes durch die Geburt seines Sohnes. Das Motto lautet: „Beschenkt einander, denn auch Gott hat uns reich beschenkt!"

Gott schenkte den Menschen seine volle Aufmerksamkeit. Durch das Reden Jesu Christi teilt Gott den Menschen seinen Willen mit und lässt sie teilhaben an seinem Planen und Überlegen. Hier wird die Voraussetzung geschaffen für die Vergebung von Schuld und Sünde, für die innige Gemeinschaft des Menschen mit Gott. Das sind die großen Geschenke Gottes an alle Menschen, an die besonders zu Weihnachten jedes Geschenk erinnern sollte. Wer schenken kann und sich das buchstäblich etwas kosten lässt, wer sich sozusagen selbst in das Geschenk begibt, der erzeugt Freude. Das spürt der Beschenkte, und der Geber wird durch sein Freudestiften sogar selbst mitbeschenkt.

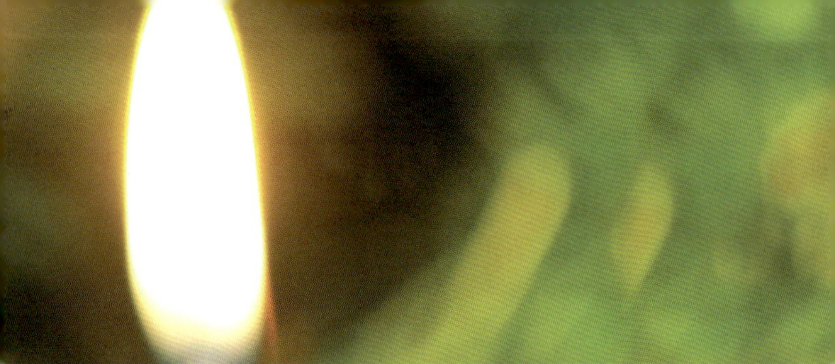

Die Weihnachtsgeschichte

Die verschiedenen Ereignisse um die Geburt Jesu werden in den Evangelien von Matthäus und Lukas beschrieben:

Die Geburt Jesu in Bethlehem

Damals befahl der Kaiser Augustus, alle Bewohner des Römischen Reiches zu zählen und in Steuerlisten einzutragen. Es war das erste Mal, dass solch eine Volkszählung durchgeführt wurde. Sie geschah, als Quirinius Statthalter der Provinz Syrien war. So ging jeder in die Stadt, aus der er stammte, um sich eintragen zu lassen. Auch Josef machte sich auf den Weg. Er gehörte zur Nachkommenschaft Davids und musste deshalb aus der Stadt Nazaret in Galiläa nach der Stadt Bethlehem in Judäa reisen, um sich dort mit Maria, seiner Verlobten, eintragen zu lassen. Maria war schwanger, und als sie in Bethlehem waren, kam für sie die Zeit der Entbindung. Sie brachte ihr erstes Kind zur Welt. Es war ein Sohn. Sie wickelte ihn in Windeln und legte ihn dann in eine Futterkrippe, weil in der Unterkunft kein Platz für sie war.

In der gleichen Nacht hielten ein paar Hirten draußen auf dem freien Feld Wache bei ihren

Herden. Plötzlich trat ein Engel des Herrn zu ihnen, und das Licht der Herrlichkeit Gottes umstrahlte sie. Sie erschraken sehr und hatten Angst, aber der Engel sagte zu ihnen: „Ihr müsst euch nicht fürchten, denn ich bringe euch eine gute Nachricht, über die sich das ganze Volk freuen wird. Heute Nacht ist in der Stadt Davids euer Retter geboren worden. Es ist der Messias, der Herr. Ihr werdet ihn daran erkennen, dass ihr ein Kind findet, das in Windeln gewickelt in einer Krippe liegt." Plötzlich waren sie von ganzen Heerscharen des Himmels umgeben, die alle Gott lobten und riefen:

„Ehre und Herrlichkeit Gott in der Höhe / und Frieden den Menschen im Land, / auf denen sein Gefallen ruht."

Als die Engel in den Himmel zurückgekehrt waren, sagten die Hirten zueinander: „Kommt, wir gehen nach Bethlehem! Sehen wir uns an, was da geschehen ist, was der Herr uns sagen ließ." Schnell brachen sie auf und fanden Maria und Josef und auch das Kind, das in der Futterkrippe lag. Als sie es gesehen hatten, erzählten sie, was ihnen über dieses Kind gesagt worden war. Und alle, mit denen sie sprachen, wunderten sich über das, was ihnen die Hirten berichteten. Maria aber bewahrte das Gehörte in ihrem Herzen und dachte immer wieder darüber nach. Die Hirten gingen dann wieder zu ihren Herden zurück. Sie priesen und lobten Gott für alles, was sie gehört und gesehen hatten. Es war genauso gewesen, wie der Engel es ihnen gesagt hatte.

Als das Kind acht Tage später beschnitten wurde, gab man ihm den Namen Jesus, den Namen, den der Engel genannt hatte, noch bevor Maria schwanger war. Und als dann die im Gesetz des Mose festgelegte Zeit der Reinigung vorüber war, trugen Josef und Maria das Kind nach Jerusalem, um es dem Herrn zu weihen. So war es im Gesetz vorgeschrieben: „Jede männliche Erstgeburt soll Gott gehören." Dabei brachten sie auch das Opfer dar, wie es im Gesetz des Herrn steht: ein Paar Turteltauben oder zwei junge Tauben.

Damals lebte in Jerusalem ein gerechter und gottesfürchtiger Mann namens Simeon. Er wartete auf die Ankunft des Messias, der Israel Trost und Rettung bringen würde. Der Heilige Geist ruhte auf ihm und hatte ihm die Gewissheit gegeben, dass er nicht sterben werde, bevor er den vom Herrn gesandten Messias gesehen habe. Als die Eltern von Jesus das Kind hereinbrachten, um mit ihm zu tun, wie es nach dem Gesetz üblich war, kam Simeon, vom Geist Gottes geführt, gerade in den Tempel. Er nahm das Kind in seine Arme und pries Gott: „Herr", sagte er, „dein Sklave kann nun in Frieden sterben, denn du hast deine Zusage erfüllt. Mit meinen eigenen Augen habe ich die Rettung gesehen, die du für alle Völker vorbereitet hast – ein Licht, das die Nationen erleuchten und dein Volk Israel zu Ehren bringen wird."

Sein Vater und seine Mutter wunderten sich, als sie hörten, was Simeon über dieses Kind sagte. Simeon segnete sie und sagte zu Maria, seiner Mutter: „Er ist dazu bestimmt, dass viele in Israel an ihm zu Fall kommen und viele durch ihn aufgerichtet werden. Er wird ein Zeichen Gottes sein, gegen das viele sich auflehnen werden – so sehr, dass der Kummer deine Seele wie ein Schwert durchbohren wird. Doch so kommt an den Tag, welche Gedanken in ihren Herzen sind."

Damals lebte auch eine alte Prophetin in Jerusalem. Sie hieß Hanna und war eine Tochter Penuels aus dem Stamm Ascher. Nur sieben Jahre war sie verheiratet gewesen und war jetzt eine Witwe von 84 Jahren. Sie verließ den Tempel gar nicht mehr und diente Gott Tag und Nacht mit Fasten und Beten. Auch sie kam jetzt dazu und lobte Gott. Und zu allen, die auf die Erlösung Jerusalems warteten, sprach sie über dieses Kind.

Lukas 2,1-38

Besuch der Weisen aus dem Orient

Als Jesus während der Herrschaft von König Herodes in Bethlehem, einer Stadt in Judäa, geboren war, kamen Sterndeuter aus einem Land im Osten nach Jerusalem. „Wo finden wir den König der Juden, der kürzlich geboren wurde?“, fragten sie. „Wir haben seinen Stern aufgehen sehen und sind hergekommen, um ihn anzubeten.“ Als König Herodes davon hörte, geriet er in Bestürzung und ganz Jerusalem mit ihm. Er befahl alle Hohen Priester und Gesetzeslehrer des jüdischen Volkes zu sich und erkundigte sich bei ihnen, wo der Messias geboren werden sollte. „In Bethlehem in Judäa“, erwiderten sie, „denn so ist es in der Heiligen Schrift durch den Propheten vorausgesagt:

‚Du Bethlehem im Land Juda, / keineswegs bist du die unbedeutendste / unter den führenden Städten von Juda, / denn ein Fürst wird aus dir kommen, der Hirte meines Volkes Israel.‘“

Danach rief Herodes die Sterndeuter heimlich zu sich und fragte sie, wann genau sie den Stern zum ersten Mal gesehen hatten. Dann schickte er sie nach Bethlehem. „Geht, und erkundigt euch sorgfältig nach dem Kind", sagte er, „und gebt mir Nachricht, sobald ihr es gefunden habt, damit ich auch hingehen und ihm die Ehre erweisen kann." Nach diesen Worten des Königs machten sie sich auf den Weg. Und der Stern, den sie bei seinem Aufgang beobachtet hatten, zog vor ihnen her, bis er schließlich genau über dem Ort stehen blieb, wo das Kind war. Als sie den Stern sahen, kam eine sehr große Freude über sie. Sie gingen in das Haus und fanden das Kind mit seiner Mutter Maria. Da warfen sie sich vor ihm nieder und erwiesen ihm die Ehre. Dann holten sie ihre mitgebrachten Schätze hervor und legten sie dem Kind hin: Gold, Weihrauch und Myrrhe. Als sie dann im Traum eine göttliche Weisung erhielten, nicht wieder zu Herodes zurückzukehren, reisten sie auf einem anderen Weg in ihr Land zurück.

Nachdem die Sterndeuter abgereist waren, erschien auch Josef im Traum ein Engel, der zu ihm sagte: „Steh auf, nimm das Kind und seine Mutter, und flieh nach Ägypten! Und bleib dort, bis ich dir neue Weisung gebe. Denn Herodes will das Kind suchen und umbringen lassen." Da stand Josef auf und brach noch in der Nacht mit dem Kind und seiner Mutter nach Ägypten auf. Dort blieb er dann bis zum Tod von Herodes. So erfüllte sich, was der Herr durch den Propheten vorausgesagt hat: „Aus Ägypten habe ich meinen Sohn gerufen."

Als Herodes merkte, dass die Sterndeuter ihn hintergangen hatten, war er außer sich vor Zorn. Er befahl, in Bethlehem und der ganzen Umgebung alle Jungen im Alter von zwei Jahren und darunter zu töten. Das entsprach dem Zeitpunkt, den er von den Sterndeutern in Erfahrung gebracht hatte. So erfüllte sich, was durch den Propheten Jeremia vorausgesagt worden war: „Angstschreie hört man in Rama, lautes Weinen und Klagen: Rahel weint um ihre Kinder und lässt sich nicht trösten, denn sie sind nicht mehr."

Als Herodes gestorben war, erschien Josef wieder ein Engel des Herrn im Traum. Er sagte: „Steh auf, nimm das Kind und seine Mutter zu dir, und geh wieder nach Israel! Denn die Menschen, die das Kind umbringen wollten, sind tot." Da stand Josef auf und kehrte mit dem Kind und seiner Mutter nach Israel zurück. Er fürchtete sich aber, nach Judäa zu ziehen, weil er gehört hatte, dass Archelaus anstelle seines Vaters Herodes jetzt dort herrsche. Im Traum erhielt er eine neue Weisung und zog darauf nach Galiläa. Dort ließ er sich in der Stadt Nazaret nieder. So erfüllte sich, was durch die Propheten gesagt ist: „Er soll Nazarener genannt werden."

Matthäus 2,1-23

Weihnachten – ganz persönlich

Wie Sie in den vergangenen 24 Tagen feststellen konnten, ranken sich rund um das Weihnachtsfest eine Menge Legenden, Traditionen und Bräuche.

Doch Weihnachten ist weit mehr als das!

Weihnachten erinnert an die Menschwerdung Gottes.

Gott kam auf diese Erde, um für uns Menschen den Weg zu ihm frei zu machen, der durch die Sünde verschüttet war. Die Bibel sagt: „Der Lohn der Sünde ist der Tod ...“ (Römerbrief Kapitel 6, Vers 23). Da jeder Mensch schuldig ist, hat jeder von uns den Tod verdient – die ewige Trennung von Gott. Doch Gott hat Jesus Christus gesandt, um die gestörte Verbindung zu seinen Geschöpfen wiederherzustellen. Er kam als kleines

Kind auf diese Erde und wurde Mensch wie wir. Doch in einem unterschied er sich von uns: Er war sündlos. Deshalb konnte er die Schuld aller Menschen auf sich nehmen und stellvertretend für uns sterben.

Auch für Sie.

Jesus Christus hat den Weg zu Gott frei gemacht. So bleibt es nicht bei den oben zitierten Worten aus dem Römerbrief: „Der Lohn der Sünde ist der Tod“, sondern es geht weiter: „... die Gnadengabe Gottes aber ewiges Leben in Christus Jesus, unserem Herrn.“

Vergebung von Schuld, neues, ewiges Leben – gibt es schönere Weihnachtsgeschenke? Wenn Sie diese Geschenke annehmen und ein Leben mit Jesus Christus beginnen wollen, dann lade ich Sie ein, die folgenden fünf Schritte zu gehen:

1. Wenden Sie sich an Jesus Christus und sagen Sie ihm im Gebet alles, was Ihnen auf dem Herzen liegt. Er hört zu, versteht und liebt Sie.

   Kommt alle zu mir, die ihr euch plagt und unter Lasten stöhnt! Ich werde euch ausruhen lassen.
   Matthäus 11,28

2. Sagen Sie ihm, dass Sie bisher in der Trennung von Gott gelebt haben und schuldig vor ihm sind. Bekennen Sie ihm Ihre einzelnen Sünden. Nennen Sie konkret, was Ihnen jetzt an Schuld einfällt, und bitten Sie Gott um Vergebung.

   Doch wenn wir unsere Sünden bekennen, zeigt Gott sich treu und gerecht: Er vergibt uns die Sünden und reinigt uns von allem Unrecht.
   1. Johannes 1,9

3. Bitten Sie Jesus Christus, Kontakt zu Ihnen herzustellen und mit Ihnen durchs Leben zu gehen. Vertrauen und glauben Sie ihm von ganzem Herzen. Jeden, der sich Jesus Christus ganz anvertraut, macht Gott zu seinem Kind.

   »Doch allen, die ihn aufnahmen, die an seinen Namen glaubten, gab er das Recht, Kinder Gottes zu werden.«
   Johannes 1,12

4. Danken Sie Jesus Christus, dass er für Ihre Schuld am Kreuz gestorben ist. Danken Sie ihm, dass er Sie aus einem gottfernen Zustand geholt und Ihnen alle Ihre Sünden vergeben hat. Danken Sie ihm täglich dafür, dass Sie ein Kind Gottes sein dürfen.

   »Ja, durch ihn, unseren Herrn, wurden wir freigekauft, und durch ihn sind uns die Sünden vergeben.«
   Kolosser 1,14

5. Bitten Sie Jesus Christus, die Führung in Ihrem Leben zu übernehmen. Er will Ihnen beistehen und Ihnen Orientierung geben. Suchen Sie täglich Kontakt mit Gott durch Bibellesen und Gebet. Auch die Gemeinschaft mit anderen Christen hilft, als Gläubiger zu wachsen. Jesus Christus schenkt Ihnen Kraft und Mut für die Herausforderungen des Alltags und hilft Ihnen, immer mehr so zu leben wie Gott es will.

   »Wenn jemand mir dienen will, muss er mir auf meinem Weg folgen. Mein Diener wird dann auch dort sein, wo ich bin, und mein Vater wird ihn ehren.«
   Johannes 12,26

Michael Kotsch
Es muss nicht immer Schokolade sein
Ein Lese-Adventskalender

Best.-Nr. 273 977
ISBN 978-3-89436-977-4
Christliche Verlagsgesellschaft Dillenburg

Best.-Nr. 180089
ISBN 978-3-85810-416-8
Verlag Mitternachtsruf, www.mnr.ch

Für die Bibelzitate zu Beginn jedes Kapitels sowie auf den Seiten 131 bis 138 wurde die folgende Bibelübersetzung verwendet:
NeÜ bibel.heute, © Karl-Heinz Vanheiden, www.kh-vanheiden.de (NeÜ)
Die Verse im laufenden Text wurden frei zitiert.

2. Auflage 2017

www.cv-dillenburg.de
Umschlaggestaltung: Christoph Ziegeler, www. pixelkraft.de
Innengestaltung: CV Dillenburg, Mirjam Kocherscheidt
Druck: BasseDruck, Hagen
Printed in Germany

Quellenangaben Bildmaterial:

S. 88: Diorama Bethlehem, Einsiedeln

Alle anderen Bilder stammen aus der Datenbank von Shutterstock:

S. 1/144 (Vignette): vector-RGB; S.2/3/5/6/9/13/90/92 (Ornament): Kozhadub Sergei; S. 4: Im Perfect Lazybones; S. 5/6/7/8/9/10/11/12/13 (Hintergrund): secondcorner ; S. 5 (Schokolade): Olga Popova; S. 7 (Schokolade): ifong; S. 8 (Adventskalender): Stephen Coburn; S. 10/11 (Adventskalender): Ventura; S. 12 (Christbaumkugeln): Falcona; S. 14: Alex Staroseltsev; S. 17 (Fußfessel): Orla; S. 18: avs; S. 19/20/21/22/23/25/26/27/89/90/91/92/93/94/95 (Hintergrund): one AND only; S. 19 (Illustration Kerze): Petr Vaclavek; S. 20 (Mädchen am Fenster): Noam Armonn; S. 22/26/71/79/80 (Ornament): Graffiti; S. 23/123 (Efeu, Tannenzweige): marilyn barbone; S. 24: Olga Mishyna; S. 25/26/27/41/42/43 (Schneeflocken-Hintergrund): Eliks ; S. 25 (Christbaumkugeln): Anteromite; S. 27 (Forsythie): Joy Brown; S. 28: LianeM; S. 29/30/31/32/33 (Hintergrund): Ozerina Anna ;S. 29/33/47/60/63/77/108/112/131/135 (Tannenzweig): marilook; S. 30 (Mandeln): Diana Taliun; S. 34: Elena Schweitzer; S. 35/36/38 (Hintergrund): Gori1984; S. 37: Ina Schoenrock; S. 39: Victorian Traditions; S. 40: barbaradudzinska; S. 41(Kekse): Konstanttin; S. 43 (Marzipan/Zimt): Inga Nielsen; S. 44: Dhoxax; S. 45/46/47 (Hintergrund): Eliks; S. 48: Cienpies Design; S. 49/51/52/53 (Ornament): sgrigor; S. 50: sarsmis; S. 53 (Weltkarte): Mark Heider; S. 53 (Tannenbaum): Susan McKenzie; S. 54: Subbotina Anna; S. 55/56/57 (Ornament): Labetskiy Alexandr Alexandrovich; S. 55 (Tannenzweig m. Kugel): Zaneta Baranowska; S. 57 (Tannenzapfen m. Kugeln): KULISH VIKTORIIA; S. 58: nikkytok; S. 59/60/61/62/63 (Hintergrund): rangizzz; S. 59 (Tannenbaum): katerinamk; S. 64: Kiselev Andrey Valerevich; S. 65/69 (Reh): Marina Koven; S. 66: MaxPhotographer; S. 70: PhotoHouse ; S. 71/72/73 (Hintergrund): Beata Becla; S. 71 (Schneeflocken): Itana; S. 74: Vitaly Korovin; S. 75/76/77/104/105/106/107/108/109 (Hintergrund): Mark Yuill; S. 75 (Glocken): MarFot; S. 78: Elena Schweitzer; S. 81/139: Le Do; S. 82: Blend Images; S. 83/84/85/86/87 (Hintergrund): VikaSuh; S. 85: Irina Nartova; S. 86: elenadesign; S. 87/97/110/111 (Schneeflocke): Tashsat; S. 87 (Geschenkband): Leah-Anne Thompson; S. 89 (Krippenszene): Hudyma Natallia; S. 91/94 (Strohsterne): Buturlimov Paul; S. 92 (Krippenszene): Alexander Hoffmann; S. 95 (Krippenszene): Phillip Holland; S. 96: Nagy Melinda; S. 97/98/99 (Hintergrund): llaszlo; S. 100: Juampi Rodriguez; 101/102/103 (Hintergrund): secondcorner; S. 101 (Stern): Cienpies Design; S. 102 (Mistel): andersphoto ; S. 103 (Pflanze): VIZE; S. 104: Ramona Heim; S. 105 (Flöte): Elena Schweitzer; S. 107: gresei; S. 109: MANDY GODBEHEAR; S. 110 (Bild oben): Hung Chung Chih; Hintergrund (unten): sunnyfrog; S. 111/112/113 (Hintergrund): toomasili; S. 114: coniferine; S. 115/116/117/118/119 (Hintergrund): Nella; S. 115 (Flügel): SPYDER; S. 116: Danshutter; S. 119: Malgorzata Kistryn; S. 120: Elena Schweitzer; 121/122/123 (Hintergrund): Apostrophe; S. 124: sheff; S. 125/126/127/128/129 (Hintergrund): alexkar08, S. 125 (Geschenk): Petr Vaclavek; s. 127: Lim ChewHow; S. 129: Ilike; S. 130: Robyn Mackenzie; S. 131/132/133/134/135/136/137/138/139/140/141/142/143 (Hintergrund): one AND only; S. 140: Nattika